# Wenn wir hören: Ich bin dein Gott

**Das Zehnwort vom Sinai**

Gemeindekatechismus II



Die Autoren:
Rupert Feneberg
Wolfgang Feneberg
Josef Steiner

Herausgegeben von Josef Steiner



Herder Freiburg · Basel · Wien

Bildnachweis:
Rudolf Dietrich Seite 8/9, 34/35, 89
Hilde Körnig Seite 48/49, 76, 90/91
Karsten de Riese Seite 20/21, 62/63, 104, 106/107

Umschlagbild: Elfenbeinrelief,
Dom von Salerno, Ende 11. Jahrhundert
Foto: Erich Lessing


Imprimatur. – Freiburg im Breisgau, den 6. 10. 1982
Der Generalvikar: Dr. Schlund
Herstellung: Freiburger Graphische Betriebe 1983
ISBN 3-451-19610-7

# Vorwort

Vor einem Jahr ist der erste Teil dieses Gemeindekatechismus „Wenn wir beten: Vater unser“ erschienen. Der zweite Teil über das Zehnwort vom Sinai ist die Fortsetzung. Wie im ersten Teil enthält jeder Abschnitt nach einer theologischen Einführung als Hauptkatechese die „Erfahrungen im Leben Jesu“. Jesus ist für den Christen der einzige Katechet, Lehrer und Meister. Seine Erfahrungen sollen Maßstab und Vorbild sein; sie werden jeweils in der Gebetsschule und in den Arbeitsvorschlägen aufgenommen.

Der Zugang über die Erfahrungen im Leben Jesu bedingt schon im Ansatz ein besonderes Ernstnehmen der jüdischen Glaubenswelt. Sie bildete den Erfahrungshintergrund für Jesus. Der Titel des zweiten Teiles lehnt sich bewußt an das „Sch$^{e}$ma“, das „Höre Israel“ an: „Wenn wir hören: Ich bin dein Gott.“

Seit einigen Jahren häufen sich von den christlichen Kirchen Erklärungen, die einen solchen Ansatz legitimieren und empfehlen. Auf katholischer Seite ist zu nennen die Ansprache Papst Johannes Paul II. an die Vertreter der Juden in Mainz vom 17. 11. 1980, in der er vom „Gottesvolk des von Gott nie gekündigten (vgl. Röm 11,29) Bundes“ spricht und dabei sachlich die schon von Papst Paul VI. 1973 neugefaßte Karfreitagsbitte aufnimmt. In dieser Bitte ist im Blick auf die heute lebenden Juden von der „Treue Gottes zu seinem Bund“ die Rede. Die katholischen Bischöfe beginnen ihre Erklärung vom 28. 4. 1980 „Über das Verhältnis der Kirche zum Judentum“ mit dem Satz: „Wer Christus begegnet, begegnet dem Judentum“. Auf evangelischer Seite am wichtigsten ist der Beschluß der Landessynode der Evangelischen Kirche im Rheinland vom 11. 1. 1980 „Zur Erneuerung des Verhältnisses von Christen und Juden“.

Mit diesen Erklärungen ist das jüdisch-christliche Gespräch in eine neue Phase getreten. Ging es in den vergangenen dreißig Jahren eher um das Eingestehen der Schuld und den Willen, auch versteckte Antijudaismen in der christlichen Theologie und in den Kirchen aufzuspüren und abzubauen, so werden jetzt zunehmend theologische Impulse wirksam, die sich in der Gotteslehre, aber auch in der Christologie und Ekklesiologie auszuwirken beginnen. Diese Impulse für die praktische Theologie zu übernehmen und auszuwerten, ist Aufgabe eines neuen Katechismus. Vielleicht kann durch einen solchen Versuch auch die festgefahrene Diskussion in der Katechismusfrage wiederbelebt werden.

Nicht vergessen sei, wie beim ersten Teil ausdrücklich den Mitarbeitern in den Pfarrgemeinden zu danken, die mit ihrer Beteiligung an dieser Katechese in der Erprobungsphase viel zum Entstehen in der jetzigen Form beigetragen haben.

*Rupert Feneberg*
*Wolfgang Feneberg*
*Josef Steiner*

# Zur Einführung

Der zweite Teil des Gemeindekatechismus enthält das Zehnwort vom Sinai, die „Zehn Gebote". In der *didaktischen* Konzeption und im Aufbau der einzelnen Abschnitte gilt das, was in der Einführung zum ersten Teil über das Vaterunser gesagt ist. (Wenn wir beten: Vater unser. Gemeindekatechismus I. Freiburg 1981, 5–10). Der *theologische* Ansatz kann gerade bei diesem zweiten Teil des Katechismus verdeutlicht werden. Das soll in den folgenden drei Schritten geschehen:

- der jüdische Ursprung des Zehnworts vom Sinai
- die Bergpredigt Jesu und das Zehnwort vom Sinai
- die Aufgabe des Katechismus für das Zehnwort vom Sinai

*Der jüdische Ursprung des Zehnworts vom Sinai*

Die „Zehn Gebote" sind erst über die Beichtbüchlein seit dem 13. Jahrhundert zu einem festen Bestandteil der Katechismen geworden. Von diesem Ursprung her werden – historisch und theologisch sicher zu Unrecht – die „Zehn Gebote" bei den Christen häufig einseitig *als moralische Forderungen* aufgefaßt. Darin liegt eine Gefahr. Denn als Konsequenz einer solchen Auffassung liegt nahe, daß die anderen Teile des Katechismus, das Vaterunser und das Glaubensbekenntnis, mit dem christlichen Handeln weniger zu tun haben. Diese Teile des Katechismus werden dadurch eher zu Informationen über den Glauben: wie man betet und was man zu glauben hat. Umgekehrt verstärkt sich die Tendenz, in den „Zehn Geboten" nur Anweisungen zum Tun und Lassen zu sehen, ohne die Gottesfrage mitzubedenken. Damit ist die beliebte, aber völlig unchristliche Trennung von Gott und Welt, von Glauben und Handeln, von Christentum und Politik, von Heilsdienst und Weltdienst grundgelegt.
Für Jesus waren die „Zehn Gebote" zuerst *Wort Gottes, in dem sich Gott selber mitteilt und für den Menschen erfahrbar wird.* Eine Besinnung auf den jüdischen Ursprung kann dieses Verständnis erleichtern, weil sich dadurch Jesu eigener Zugang zu den „Geboten" besser erschließt.

1. Im hebräischen Urtext werden die „Zehn Gebote" nicht als Gebote, sondern einfach als das Zehnwort bezeichnet. Für Jesus enthält also das Zehnwort *gar keine Gebote* in unserem Sinn, sondern Worte Gottes, in denen er sich zum Bundespartner für die Menschen erklärt.

2. In der jüdischen Zählung wird die sogenannte Präambel: „Ich bin der Herr, dein Gott, der dich aus dem Land Ägypten geführt hat, aus dem Sklavenhaus" als Erstes Wort vom Sinai gezählt. Auffällig daran ist, daß keine Handlungsanweisung in diesem Satz enthalten ist. Die Gebotsformulierung ist offenbar nicht notwendig, nicht einmal typisch für das Zehnwort. Für Jesus spricht das Zehnwort *nicht vom Handeln des Menschen, sondern vom Handeln Gottes.*

3. Auch in den übrigen neun Worten ist das menschliche Handeln mit der Formel „du wirst" beziehungsweise „du wirst nicht" nur als Konsequenz eines vorausgehenden Handeln Gottes angesprochen. Das Zehnwort enthält keinen selbständigen Sittenkodex für den Menschen. Es sagt, *wer Gott ist,*

indem es sein vielfältiges Tun aus den Auswirkungen auf menschliches Verhalten deutet.

4. Die jüdische Präambel zum Zehnwort ist das Sch$^{e}$ma . Das wird beim täglichen Morgen- und Abendgebet des frommen Juden deutlich. Denn das Zehnwort kommentiert und entfaltet dort zusammen mit vielen anderen Gebeten das Sch$^{e}$ma , das „Höre Israel", in dem es um *Gott als Gott der Liebe* geht. Jesus kann das Zehnwort wirklich beten, weil er es nicht als Pflichtenkatalog, sondern als Beschreibung des liebenden Handelns Gottes in der Welt versteht.

5. In der jüdischen Liturgie ist Schawuot das Fest, an dem das Zehnwort als Gottes Selbstoffenbarung gefeiert wird. Unser Pfingsten, also das Kommen Gottes im Heiligen Geist, ist diesem jüdischen Fest nachgebildet. Schawuot wird sieben Wochen nach Passa gefeiert, unser Pfingsten sieben Wochen nach Ostern. Passa und Schawuot werden bei den Juden mit Verlobung und Hochzeit verglichen. Was sich bei der Befreiung aus Ägypten ankündigt, das kommt am Sinai zur Vollendung. Für Jesus ist Schawuot die Feier der Gegenwart Gottes. Zum Passa gehört liturgisch das Liebesspiel und die Liebeslyrik des Hohenliedes, zu Schawuot *das endgültige und feste Ja Gottes zum Menschen* im Zehnwort vom Sinai.
Zusammenfassend: Die Besinnung auf den jüdischen Ursprung des Zehnworts zeigt, daß die „Zehn Gebote" gar keine Gebote sind. Für Jesus, der ja Jude war, sind sie Worte der Selbstmitteilung Gottes, in denen er sich den Menschen erschließt und öffnet. Bei jedem einzelnen Wort vom Sinai stellt sich die Gottesfrage. Im Zehnwort steht nicht einem einmaligen Tun Gottes, das leicht zum „Prinzip Exodus" gemacht wird, die Vielfalt menschlichen Handelns gegenüber, sondern in jedem einzelnen Wort vom Sinai wird eine andere Seite des göttlichen Handelns sichtbar, das der Mensch durch sein Leben hörend und glaubend entdecken und aufnehmen soll.

### *Die Bergpredigt Jesu und das Zehnwort vom Sinai*

Wenn Jesus das Zehnwort so verstanden hatte, dann mußte er in seinem Leben nicht das Gottesbild seiner Heiligen Schrift, des „Alten Testamentes", umkehren; der Gott Jesu war kein anderer als der Gott vom Sinai. Es gibt alttestamentlich keinen Gott der Rache oder des Gesetzes, der erst in Jesus zu einem Gott der Liebe oder des Evangeliums würde.
In der Zusammenfassung der Lehre Jesu, in der Bergpredigt, kann es deshalb nicht um eine Abschaffung des alttestamentlichen Gottesbildes gehen, sondern im Gegenteil um seine Geltung für alle Zeit. Das Neue in der Bergpredigt Jesu besteht dann darin, daß Jesus mit der Gottesherrschaft, also mit der handelnden Gegenwart Gottes in dieser Welt und im Leben jedes Menschen ernst macht. Er hat nicht das Zehnwort abgeschafft oder auch nur überboten. Die „Bergpredigt Jesu" will die „Bergpredigt Gottes auf dem Sinai" in keiner Weise widerrufen, sondern sie bekräftigen.
Mit drei Hinweisen aus dem Text der Bergpredigt soll diese Aussage noch erläutert werden:

1. In Mt 5,20 heißt es: „Wenn eure Gerechtigkeit nicht besser ist als die der Schriftgelehrten und Pharisäer, werdet ihr nicht in das Reich der Himmel kommen." Diese „bessere Gerechtigkeit" bezieht sich auf die Art der Erfüllung, nicht auf neue Inhalte. Es geht *nach wie vor um die „Bergpredigt am*

*Sinai"*, aber sie muß wirklich *im Herzen und ganz* aufgenommen werden. Jesus nennt diejenigen, die auf die Bergpredigt vom Sinai hören, sie aber nur äußerlich und wegen der damit verbundenen Wirkung auf die Öffentlichkeit erfüllen, Heuchler (Mt 6,2.5.16). Hören und Tun müssen eine Einheit bilden. In Mt 23,2f bestätigt Jesus nochmals, daß die Pharisäer und Schriftgelehrten schon die richtigen Inhalte haben; nur, sie richten sich selbst nicht danach; sie sind Sünder. „Alles nun, was sie euch sagen, tut und befolget; aber nach ihren Werken tut nicht, denn sie sagen es und tun es nicht" (Mt 23,3).

2. In Mt 7,12 steht die sogenannte „Goldene Regel" als Zusammenfassung des Alten Testaments: „Alles nun, was ihr wollt, daß es euch die Menschen tun, das sollt auch ihr ihnen tun; denn darin besteht das Gesetz und die Propheten". Jesus entscheidet sich damit für die Richtung des Hillel, eines berühmten rabbinischen Lehrers zwei Generationen vor ihm. Die Nächstenliebe ist nicht nur eines von den 613 Ge- und Verboten der Tora, sondern ihre Mitte. Die Nächstenliebe als Besonderheit der christlichen Religion zu beanspruchen, ist ohnehin ein Mißverständnis, das nur mit christlicher Unwissenheit zu erklären ist. Jesus spricht sich mit Hillel für eine „Hierarchie der Wahrheiten" und damit für die Notwendigkeit der Interpretation, aber nicht gegen das Alte Testament aus. Für ihn ist der Schlüssel zum richtigen Verstehen der Predigt Gottes am Sinai die Liebe.

3. Die sogenannten Antithesen in der Bergpredigt: „Ihr habt gehört, daß gesagt ist" – „ich aber sage euch" sind nicht eigentliche Antithesen, also gegensätzliche Aussagen. Wie alle Lehrer im Judentum beruft sich Jesus auf den Text der Bibel und deutet ihn dann für seine Zuhörer und seine Zeit. Vielleicht müßte man im Deutschen eher übersetzen: „Ihr habt gehört, daß gesagt ist" – „ich sage euch, was das für uns bedeutet". Daraus ist auch zu erklären, warum jede jesuanische Aussage der Bergpredigt Parallelen im rabbinischen Judentum seiner Zeit hat. *Jesus gebraucht in seiner Predigt den Bibeltext „pharisäisch"*. Damit ist gemeint, daß er den Text aktualisiert und ihn für seine Zeit auslegt.
Jesus war selbst kein Pharisäer. Dafür gibt es keinen Hinweis. Aber gerade seine innere Verwandtschaft zu den Pharisäern und seine Nähe zum Volk, um das auch die Pharisäer ringen, macht ihn zu ihrem gefährlichen Konkurrenten. Beim Volk fordert er dadurch den Vergleich mit den Pharisäern geradezu heraus. Jesus sagt nichts Neues, er sagt das Alte, nämlich die Predigt Gottes vom Sinai, in seiner Bergpredigt neu, so neu, daß alle außer sich sind: „denn er lehrte sie wie einer, der Gewalt hat, und nicht wie ihre Schriftgelehrten" (Mt 7,29).

### *Die Aufgabe des Katechismus für das Zehnwort vom Sinai*

In einem Katechismus geht es um die Einübung des Glaubens, nicht um bloßes Wissen. Das „Lernen des Katechismus" meint ein Verstehen, bei dem es kein „Auslernen" gibt (vgl. die Einführung zum Vaterunser, in: Gemeindekatechismus I, 7–9). Vergleichbar ist dieses Lernen dem Kennen- und Liebenlernen zweier Menschen. Sie kennen sich ganz und entdecken sich doch täglich neu. In diesem Sinn kann man auch von einem Lernen bei Jesus sprechen. *Jesus kennt seinen Vater, und er lernt ihn gleichzeitig täglich neu kennen; er begegnet ihm jeden Tag neu.*

Diese Gottesbegegnung geschieht im Alltag, im Gebet, im Gottesdienst, beim Hören und Lesen des Wortes Gottes aus der Bibel. Für Jesus gibt es nur unser Altes Testament als Heilige Schrift. Deren Kern ist die Tora, die fünf Bücher Mose. Diese wiederum haben ihre Mitte im Zehnwort vom Sinai, das deshalb eine ganz besondere Bedeutung für das Kennenlernen Gottes hat.

*Ein Katechismus muß das Zehnwort vom Sinai als Offenbarung Gottes erschließen.* Es geht um dieses Kennenlernen, bei dem es kein Auslernen geben kann, weil es um Begegnung, Liebe, Vertrauen geht. Nicht Wissen, sondern Glauben und Bekenntnis sind das oberste Ziel dieses Lernens.

*Für den Christen ist Jesus der eine Lehrer, der Katechet des Glaubens.* Diese Tatsache soll in dem vorliegenden Gemeindekatechismus dadurch betont werden, daß Jesu eigener Weg und sein Lernen zum Maßstab und Vorbild werden. Jesus hat jede Phase seines Lebens in einzigartiger Weise und ganz aus der Nähe seines Vaters gelebt und er hat gerade deshalb, jeweils altersgemäß entsprechend, Gott neu kennenlernen und begegnen können.

Der Gemeindekatechismus will diesen Weg Jesu nachgehen, um mit Jesus am Wort Gottes vom Sinai zu einer vertieften Gottesbegegnung zu gelangen. Die Einteilung in jedem Abschnitt in „Jesus als Kind“, „Jesus als Heranwachsender“ und „Jesu öffentliches Auftreten“ ist nicht in irgendwelchen neuen Quellen über Jesus begründet; sie wurde deshalb gewählt, weil sie dem eigenen Lernen Jesu und seinem Weg zusammen und im Gegenüber zu Gott im Zehnwort vom Sinai Rechnung trägt. Durch diese Gliederung kommt zum Ausdruck, daß *Jesus als Kind* Gott vor allem in den Geschichten des Alten Testaments, darin besonders in den Vätergeschichten, im täglichen Gebet und im Gottesdienst der Synagoge und der Familie erfährt. *Als Heranwachsender* kommt die sehr bewegte Zeitgeschichte und Politik, die Liturgie und die Theologie, besonders in der rabbinischen Form der Pharisäer hinzu. Bei *Jesu öffentlichem Auftreten* zeigt sich das Ringen um Gott in seinem Lehren und in seinen Taten, besonders aber in seinem Weg in den Tod am Kreuz. In der Auferweckung wird er von Gott als *der Lehrer* und als *der Christus* bestätigt und damit als Herr seiner Kirche promulgiert.

Auch dieses Nachgehen des Weges Jesu könnte man sich eingeschränkt nur auf den Verstand vorstellen. Dann nähme man zwar zur Kenntnis, wie Jesus mit dem Zehnwort vom Sinai gelebt hat, bliebe aber im eigenen Herzen von Gott unberührt. Das ist natürlich nicht der Sinn eines Katechismus. Das Zehnwort vom Sinai „lernen“ heißt Gott kennenlernen und erkennen. Aus diesem Grund sind bei jedem Abschnitt, wie auch im ersten Teil des Gemeindekatechismus, beim Vaterunser, eine Gebetsschule, Vorschläge für die Gruppenarbeit und Vorschläge für die Woche angefügt. In diesen Teilen geht es um eine Interpretation der Selbstmitteilung Gottes im jeweiligen Wort vom Sinai und um seine Übersetzung in das eigene Leben: als Ruf zur Freiheit, als Anspruch der Liebe Gottes, als Geheimnis seiner Nähe, als Wirken Gottes in der Zeit, als Gott des Lebens, als Gott des Friedens, als Gott der Wahrheit, als Anspruch der Gerechtigkeit.

# Das Erste Wort vom Sinai

**Ich bin der Herr, dein Gott,
der dich aus dem Land Ägypten geführt hat,
aus dem Sklavenhaus.** Exodus 20,2

In der jüdischen Zählung wird besonders deutlich, daß unsere sogenannten Gebote *gar keine Gebote sind.** Das Erste Wort enthält keine Aufforderung zu irgendeinem Handeln. Die Bibel selbst redet an dieser Stelle nicht von Geboten, sondern nur allgemein von den Zehn Worten (griechisch: Dekalog), die auf den Tafeln des Bundes aufgeschrieben wurden (Ex 34,28).
Von Christen wurde das Erste Wort gern zur Präambel erklärt. Das hat den Vorteil, daß man einerseits ein legalistisches (gesetzliches) Verständnis ablehnen konnte: Die Präambel sei das Vorzeichen vor der Klammer, das Pluszeichen, das alle Gebote in ein anderes Licht rücke; die Gebote seien nicht einfach moralische Anforderungen, sondern ihre Erfüllung sei nur Antwort, und zwar Antwort der „Dankbarkeit". Andererseits bleibt so der Gebotscharakter der Worte in der Klammer, also das Minuszeichen vor jedem folgenden Wort, gewahrt. Der Bund wird auf die Präambel beschränkt. Der Rest enthält doch einen Pflichtenkatalog, der lediglich durch die Präambel einen freundlichen Rahmen erhält.

---

* Gott hat den Menschen die zehn Gebote gegeben. Diese Aussage ist tief im Glaubensbewußtsein der Christen verwurzelt und soll es auch bleiben. Aber gegen ein weit verbreitetes repressives Mißverständnis, nach dem die Gebote nur einen Pflichtenkatalog darstellen, müssen wir lernen: die Gebote sind vor allem Gnade, Angebot, Zusage Gottes.

Abgesehen davon, daß der Vergleich mit den verschiedenen Vorzeichen nicht stimmt – Plus und Minus ergeben zusammen eben ein Minus –, im Leben der Christen bleiben oft die Gebote allein in Erinnerung. Sie prägen ihrerseits das Gottesbild viel mehr, als daß sie sich von dem Bundesgott her als „Wegweisung zur Freiheit" interpretieren ließen.
Beläßt man die ursprüngliche Zählung, dann muß man nicht zwischen Bund und Gebot, zwischen Ruf und Antwort unterscheiden. Dann erklärt das Erste Wort auch die folgenden *als Ausfaltungen der Selbstoffenbarung dieses Jahwe;* alle Zehn Worte gehören zum Ruf, sind Angebot der Liebe Gottes, erklären in verschiedenen Bereichen des Lebens, *wer und wie Gott ist*. Der Mensch muß dabei nichts leisten, auch nicht als Antwort. Seine Aufgabe ist allein, dankend und glaubend auf Gott zu hören, ihn in diesen Zehn Worten zu „erinnern" und immer besser kennenzulernen. Nicht nur das Erste, sondern *alle Zehn Worte sind Gottes Bundeswort, das darin besteht, daß Gott von sich selbst erzählt und sich dadurch selbst mitteilt*. Das erste Bundeswort im Dekalog sagt uns, daß wir im Erinnern der Befreiungstat Gottes bei der Herausführung aus Ägypten lernen, wer Gott ist.

## Gebetsschule: Wir hören den Ruf zur Freiheit

Es gibt viele Formen des Sich-Erinnerns. Normalerweise fallen mir die Geschichten aus der Vergangenheit ein, die meiner augenblicklichen Gefühlslage mehr entsprechen: Geht es mir gut, fallen mir Erfolgserlebnisse ein; geht es mir schlecht, werden eher schwierige und unangenehme Situationen in der Erinnerung auftauchen.
Gegen diese und viele andere Bestimmtheiten bietet uns das Erste Wort vom Sinai eine *Alternative* an. *Die eigene Geschichte ist Teil des Handelns Gottes.* So wie Gott in Ägypten an Israel gehandelt hat, handelt er an mir in meiner Geschichte. Ich darf diese Geschichte als Geschichte der Freiheit lesen, weil ich weiß, daß Gott in ihr gehandelt hat und handelt. Bekenntnis, Dank und Gotteslob werden deshalb die tragenden Elemente des Sich-Erinnerns. Der in die Freiheit ruft, hat auch mich gerufen und angenommen. Das gilt so sehr, daß auch das Erkennen und Annehmen des eigenen Versagens und der eigenen Fehler möglich wird. Im Hören auf Gottes Ruf zur Freiheit *öffnet und verändert* das Erinnern – wir nennen es Gewissenserforschung – mein Leben.
Was kann ich tun, damit das Erinnern mich mehr in

die Liebe Gottes stellt und nicht zu einer „lang-weiligen", scheinbar neutralen Selbstbespiegelung wird? Ich soll und darf im Gebet fragen: Wo hat Gott sich mir in der Geschichte der vergangenen Stunden (Tage, Wochen, Monate, Jahre) gezeigt? Wo sind Augenblicke des Glücks? Wo ist mir eine Aufgabe gelungen? Welche Begegnung hat mich beschenkt und reich gemacht? Welche Begegnung hat mich betroffen und nachdenklich gemacht? Auch unangenehme Ereignisse können Gotteserfahrungen sein, die zur eigenen Lebensgeschichte gehören.
Die Frage lautet jeweils: Wo habe ich Gott erfahren? Denn in all diesen Begegnungen war mir Gott nahe. Dabei ist es nicht nötig, daß ich in der eigenen Geschichte damals schon von diesen Gotteserfahrungen wußte. Es ist ja keine Frage, daß Gott mir die ganze Zeit hindurch nahe gewesen ist; das Problem ist, daß meine Sinne nicht entwickelt sind, seine Nähe im einzelnen Erlebnis zu erspüren. Im erinnernden Gebet nehme ich mein Leben als Ruf zur Freiheit, in dem ich Gott hören und vernehmen kann, damit ich auch jetzt und in Zukunft seine Gegenwart erfahre.

## Erfahrungen im Leben Jesu

Das Hören auf Gott war für Jesus die Mitte seines Lebens. Im täglichen Beten und in der Liturgie der Feste wiederholt sich immer wieder, daß Jahwe der Gott ist, der Israel aus dem Land Ägypten geführt hat. Für uns unvorstellbar dicht hat Jesus im Hören auf dieses Wort Gottes sich selber in seinem Tun und Lassen davon betroffen gewußt. Er hat dieses Wort auf sich bezogen. Er selbst weiß sich von Gott aus jeder Sklaverei befreit; er ist der Sohn, der aus Ägypten gerufen ist (Mt 2,13–15). Im Leben Jesu wird, mehr als für alle anderen Menschen, die Formel: ich bin Jahwe, *dein* Gott, der *dich* aus dem Land Ägypten geführt hat, von der religiösen Erinnerung zu einer lebendigen Erfahrung.

## Jesus als Kind

Schon als kleines Kind sieht Jesus zu, wie die Erwachsenen beim Morgengebet jeden Tag den Gebetsmantel (Tallit) und, außer am Sabbat, auch die Gebetsriemen mit den Lederkapseln (Tefillin) auf die Stirn und unter den linken Oberarm, dem Herzen gegenüber, binden. Er sieht an allen Türen am rechten Pfosten eine Metallkapsel (Mesusa) angebracht. Schon bevor er mit fünf oder sechs Jahren lesen und schreiben lernt – die allgemeine Schulpflicht wurde etwa 70 v. Chr. eingeführt –, erfährt er aus dem Wortlaut der täglichen Gebete auch das Geheimnis dieser Kapseln. Sie enthalten Teile des *Sch$^{e}$ma Israel,* den *Dekalog* und die *Erzählung vom letzten Passafest in Ägypten in der Nacht vor dem Auszug*. Sch$^{e}$ma und Dekalog sind fester Bestandteil der täglichen Gebete am Morgen und am Abend. Schon die Kinder beten sie mit, auch wenn sie dazu noch nicht verpflichtet sind. *Für Jesus ist also der erste Satz des Sch$^{e}$ma die richtige, alles zusammenfassende Präambel zum Dekalog:* „Höre Israel! Der Herr, unser Gott, der Herr ist Einer.“ Der Eine, den er lieben soll, ist derselbe, der Israel aus Ägypten geführt hat. (Erst im zweiten nachchristlichen Jahrhundert wird der Dekalog nicht mehr in die Gebets- und Türkapseln aufgenommen, vermutlich wegen der Gebotspolemik der Heidenchristen. Seit dem 17. Jahrhundert gehört er aber wieder zum privaten Morgen- und Abendgebet bei vielen Juden.)

*Aus dem Sch$^{e}$ma Israel*
Dtn 6,4–9

4 Höre, Israel! Der Herr, unser Gott, der Herr ist
Einer. 5 Darum sollst du den Herrn, deinen
Gott, lieben mit ganzem Herzen, mit ganzer
Seele und mit ganzer Kraft. 6 Diese Worte, auf
die ich dich heute verpflichte, sollen auf deinem
Herzen geschrieben stehen. 7 Du sollst sie deinen Söhnen wiederholen. Du sollst von ihnen
reden, wenn du zu Hause sitzt und wenn du auf
der Straße gehst, wenn du dich schlafen legst
und wenn du aufstehst. 8 Du sollst sie als Zeichen um das Handgelenk binden. Sie sollen
zum Schmuck auf deiner Stirn werden. 9 Du
sollst sie auf die Türpfosten deines Hauses und
in deine Stadttore schreiben.

Die Erzählung vom letzten Passafest vor dem Auszug trifft Jesus wie alle Erstgeborenen Israels besonders. Mehr noch als andere gehört er Gott, mehr noch als andere betrifft ihn die Herausführung aus Ägypten.

Der folgende Text steht neben dem Sch$^{e}$ma auf kleinen Pergamentrollen in den Gebetskapseln und in jeder Türkapsel.

Ex 13,11–16

11 Der Herr wird dich in das Land der Kanaaniter bringen und wird es dir geben, wie er dir und

deinen Vätern mit einem Eid zugesichert hat.
12 Dann mußt du alles, was den Mutterschoß
durchbricht, vor den Herrn bringen; alle männ-
lichen Erstlinge, die dein Vieh wirft, gehören
dem Herrn. 13 Jeden Erstling vom Esel aber löse
durch ein Schaf aus! Willst du ihn nicht auslö-
sen, dann brich ihm das Genick! Jeden Erstge-
borenen deiner Söhne mußt du auslösen.
14 Wenn dich morgen dein Sohn fragt: Was be-
deutet das?, dann sag ihm: Mit starker Hand
hat uns der Herr aus Ägypten, aus dem Sklaven-
haus, herausgeführt. 15 Als der Pharao hart blieb
und uns nicht ziehen ließ, erschlug der Herr alle
Erstgeborenen in Ägypten, bei Mensch und
Vieh. Darum opfere ich dem Herrn alle männli-
chen Tiere, die den Mutterschoß durchbrechen;
alle Erstgeborenen meiner Söhne aber löse ich
aus. 16 Das sei dir ein Zeichen an deiner Hand
und ein Schmuck auf deiner Stirn; denn mit
starker Hand hat uns der Herr aus Ägypten her-
ausgeführt.

Die Geschichten um den Auszug aus Ägypten sind Jesus seit frühester Kindheit vertraut. In den täglichen Gebeten, beim jährlichen Passafest, in vielen liturgischen Texten und in den Erzählungen sind sie lebendig gegenwärtig. Die Liturgie des Passafestes deutet und erschließt in jeder einzelnen Handlung und in jedem Text die große Befreiungstat Gottes.

*Aus der Haggada beim Passaabend*

Eines der Kinder stellt die vier Fragen, deren Beantwortung das folgende Festmahl erklären soll:

„Wodurch unterscheidet sich diese Nacht von allen anderen Nächten?
In jeder anderen Nacht essen wir gesäuertes und ungesäuertes Brot, in dieser Nacht nur ungesäuertes; in jeder anderen Nacht essen wir jede Art Kräuter, in dieser Nacht Bitterkraut;
in jeder anderen Nacht sind wir nicht gehalten, auch nur einmal einzutauchen, in dieser Nacht zweimal;
in jeder anderen Nacht essen wir sitzend oder angelehnt, in dieser Nacht alle nur angelehnt."

Die Antwort erfolgt in mehreren Teilen. Zunächst antwortet die ganze Tischgesellschaft:

„Einst waren wir Sklaven des Pharao in Ägypten, aber der Ewige, unser Gott, führte uns von dort heraus mit starker Hand und ausgestrecktem Arm. Hätte der Ewige, gepriesen sei er, unsere Väter nicht aus Ägypten geführt, wahrlich: wir, unsere Kinder und Kindeskinder hätten auf ewig in Ägypten dienstbar bleiben müssen. Wären wir auch alle weise, vernünftige und erfahrene Männer, wir alle auch Kenner der Tora, so obläge es uns dennoch, die Geschichte des Auszugs aus Ägypten zu erzählen; und wer am meisten davon erzählt, ist lobenswert."

Nach vielen weiteren Geschichten um die Unterdrükkung in Ägypten, die Plagen und um den Auszug werden die Fragen nach den Besonderheiten dieses Mahles erklärt, hier die erste:

„Dieses ungesäuerte Brot, das wir essen – warum? weil der Teig unserer Vorfahren nicht Zeit hatte zu säuern, da schon der König aller Könige, der hochgelobte Heilige sich ihnen offenbarte und sie erlöste; so heißt es: Sie buken von dem Teig, den sie aus Ägypten mitgenommen, ungesäuerte Brote, denn es blieb ungesäuert, da sie aus Ägypten herausgetrieben wurden und sie sich weder aufhalten noch sonst eine Reisekost besorgen konnten."

In einer einfachen Geschichte lernen schon die Kinder, warum die Befreiungstat Gottes aus Ägypten so bedeutsam ist:

*„Ja, ja!"*

„Ich bin der Herr, dein Gott, der dich aus dem Lande Ägypten geführt hat, aus dem Sklavenhause."
Warum wurden die Zehn Gebote nicht bereits am Anfang der Tora gesprochen?
Die Antwort auf diese Frage läßt sich durch ein Gleichnis geben:
Es kam einmal ein Mann in eine Provinz und sagte zu den Einwohnern: „Ich will euer König sein."
Da antworteten die Einwohner: „Hast du uns denn etwas Gutes getan, das dich berechtigen würde, unser König zu sein?"
Was tat er? Er baute ihnen eine Mauer. Er errichtete ihnen eine Wasserleitung. Auch führte er Kriege für sie.
Dann sprach er wieder: „Ich will euer König sein."
Jetzt antworteten die Einwohner: „Ja, ja!"
So tat es auch der Allgegenwärtige. Er führte Israel aus Ägypten, spaltete für sie das Schilfmeer, ließ ihnen das Manna vom Himmel fallen, ließ den Brunnen in der Wüste aufsprudeln, führte ihnen die Wachteln zu, und Er stritt für sie wider Amalek. Erst danach sprach Er zu ihnen: „Ich will euer König sein." Und darauf antworteten sie: „Ja, ja!"

*Zit. nach J. J. Petuchowski, Die Stimme vom Sinai, Freiburg 1981, 37f.*

## Jesus als Heranwachsender

Jedes Jahr einmal sind die Zehn Worte vom Sinai Hauptinhalt eines Festes. Es handelt sich um das *Wochenfest,* das sieben Wochen nach dem Passafest begangen wird. Das christliche Pfingstfest, das Fest des Kommens Gottes im Heiligen Geist, ist daraus abgeleitet, wie Ostern aus dem Passafest.
Für Jesus stehen die beiden Feste zueinander *wie Verlobung und Hochzeit.* Am Passafest wird neben dem Exodus das Hohelied, jetzt beim Wochenfest das Zehnwort vom Sinai gelesen und gefeiert. Zur Einleitung des Festes verbringt er beim Wochenfest (wie auch beim Laubhüttenfest im Herbst) eine ganze Nacht mit Lernen und Feiern, an dem alle teilnehmen, die nur irgendwie können. „Zweimal im Jahr wird im Familienkreise sozusagen Appell gehalten. Der Vater zeigt in diesen beiden Nächten den Seinen, was Israel geformt hat und bis auf diesen Tag am Leben erhält“ (R. R. Geis, Vom unbekannten Judentum, Freiburg 1961, 63).
Das Erste Wort des Dekalogs von dem Gott der Befreiung aus Ägypten ist nicht auf die geschichtliche Erinnerung beschränkt. Das Sklavenhaus Ägypten ist für Jesus das Sklavenhaus der Römer geworden. Der unfähige Sohn Herodes’ des Großen, Archelaus, der Jerusalem und Judäa als Ethnarch übertragen bekommen hatte, hat gerade zur Zeit der Religionsmündigkeit Jesu (6 n. Chr.) politisch endgültig abgewirtschaftet und wird verbannt. Er kommt glimpflich davon, betrachtet man die Folgen für das Land. Jerusalem und Judäa werden jetzt direkt der römischen Gewalt unterstellt. Sie erhalten einen römischen Statthalter. Die Heimatstadt Jesu, Nazaret, gehört mit ganz Galiläa und Peräa, dem Ostjordanland, zu Herodes Antipas, der auch nicht gerade zimperlich mit seinen Untertanen umsprang, wenn es um seine Macht und sein Ansehen ging. Die Geschichte von der Ermordung Johannes’ des Täufers durch Herodes beweist es.
Als Folge dieser politischen Zerrissenheit kam es zu einer nicht weniger großen inneren Zerrissenheit. Es gab viele Richtungen, Parteien, Gruppen; es kam fast in jedem Landesteil zu eigenen Befreiungsbewegungen. Viele Freiheitskämpfer wurden gefangen und hingerichtet; fast jede Großfamilie war direkt betroffen. Wie soll man sich dazu stellen als junger Mensch? Wo ist ein Weg?

*Rabbi Levi lehrte:*

Der Heilige, gelobt sei Er, erschien ihnen wie eine Statue, die überall Gesichter hat. Tausend Menschen mögen sie ansehen, und ein jeder meint, daß die Statue ihn ansieht. So war es auch, als der Heilige, gelobt sei Er, zu Israel sprach. Jeder Israelit meinte, daß das göttliche Wort ihn persönlich ansprach. Daher heißt es auch nicht: „Ich bin der Herr, euer Gott“, sondern im Singular, „Ich bin der Herr, dein Gott“ (Ex 20, 2).

*Zit. nach J. J. Petuchowski, Die Stimme vom Sinai, Freiburg 1981, 41.*

Für Jesus verschmelzen bei der Erinnerung an Gottes Befreiungstat die Versklavung in Ägypten mit den vielfältigen äußeren und inneren Sklavenhäusern seiner Zeit. Gott ist die Rettung, damals wie heute. Beim Wochenfest und seiner Toralesung, dem Dekalog, erlebt er als frommer Jude die hochzeitliche Vermählung mit diesem Befreiergott Jahwe. Im Hören auf ihn, in seinem Kommen liegt das Heil.

*Aus der Passahaggada*

Die Grenzen zwischen der Versklavung in Ägypten und der jetzigen Situation werden fließend.

„In jedem Geschlecht ist der Mensch verpflichtet, sich vorzustellen, er selbst sei aus Ägypten gezogen: ‚Und erzählen sollst du deinem Sohn an demselben Tag, deswegen hat Gott es mir getan, als ich aus Ägypten zog' (Ex 13,8). Nicht nur unsere Väter hat Gott erlöst, sondern auch uns: ‚Und uns hat er von dort weggeführt, um uns in das Land zu bringen, das er unseren Vätern zugeschworen hat' (Dtn 6,23). Deswegen sind wir verpflichtet, zu danken, zu preisen, zu loben und zu verherrlichen den, der uns all diese Wunder getan und uns geführt hat
aus der Knechtschaft in die Freiheit,
aus Kummer zur Freude,
aus Dunkel zum Licht,
aus Knechtschaft zur Befreiung.
So wollen wir vor ihm ein neues Lied singen:
Halleluja."

*Zit. nach R. R. Geis, Vom unbekannten Judentum, Freiburg 1961, 73.*

*Gebet zum Abschluß der Passahaggada*

„Halleluja! Lobt ihn, Diener des Herrn! Lobet den Namen des Herrn! Der Name des Herrn sei gepriesen von nun an bis in Ewigkeit! Vom Aufgang der Sonne bis zum Niedergang werde gelobt der Name des Herrn! Der Herr ist über alle Völker erhaben, sein Ruhm über die Himmel erhaben. Wer gleicht dem Ewigen, unserem Gotte? Wer thront so hoch, wer schaut so tief im Himmel und auf Erden? Aus dem Staube richtet er den Armen auf, hebt den Bedrückten aus dem Kot empor, um ihn den Fürsten gleich zu stellen, den Fürsten seines Volkes. Er belebt der Kinderlosen Haus, läßt sie frohe Mutter werden – Halleluja!"

## Jesu öffentliches Auftreten

1. Jesus hat sich in einzigartiger Weise als „erstgeborener Sohn aus Ägypten“ gewußt. In der Kindheitsgeschichte des Matthäus wird deshalb die Flucht nach Ägypten auf diese Erwählung hin gedeutet.

> Mt 2,13–15
>
> [13] Als die Sterndeuter wieder gegangen waren, erschien dem Josef im Traum ein Engel des Herrn und sagte: Steh auf, nimm das Kind und seine Mutter, und flieh nach Ägypten; dort bleibe, bis ich dir etwas anderes auftrage; denn Herodes wird das Kind suchen, um es zu töten. [14] Da stand Josef in der Nacht auf und floh mit dem Kind und dessen Mutter nach Ägypten. [15] Dort blieb er bis zum Tod des Herodes. Denn es sollte sich erfüllen, was der Herr durch den Propheten gesagt hat: *Aus Ägypten habe ich meinen Sohn gerufen.*

2. Für Jesus kommt es darauf an, Gott als Befreier aus dem Sklavenhaus den Menschen zu verkünden. Letztlich tut er das dadurch, daß er sich selbst, seine Gemeinschaft und Lebensform weitergibt. Die Menschen spüren darin das machtvolle Kommen dieses Gottes, den Anbruch seiner Herrschaft. Diese Wirklichkeit verkündet Jesus im Wort. Zeichenhaft bricht in seinen Wundern das neue Leben an für die, die sich glaubend und hörend öffnen. Menschen können in seiner Nähe erfahren, daß die Erneuerung des Bundes, die ganz und gar das Werk Gottes und seiner Gnade ist, jetzt geschieht. Was Jeremia gesagt hat, wird Wirklichkeit.

> *Die Ankündigung des Neuen Bundes*
> Jer 31,31–34
>
> [31] Seht, es werden Tage kommen – Spruch des Herrn –, in denen ich mit dem Haus Israel und dem Haus Juda einen *neuen Bund* schließen werde, [32] nicht wie der Bund war, den ich mit ihren Vätern geschlossen habe, als ich sie bei der Hand nahm, um sie aus Ägypten herauszuführen. Diesen meinen Bund haben sie gebrochen, obwohl ich ihr Gebieter war – Spruch des Herrn. [33] Denn das wird der Bund sein, den ich nach diesen Tagen mit dem Haus Israel schließe – Spruch des Herrn: *Ich lege mein Gesetz in sie hinein und schreibe es auf ihr Herz. Ich werde ihr Gott sein, und sie werden mein Volk sein.* [34] Keiner wird mehr den andern belehren, man wird nicht zueinander sagen: Erkennt den Herrn!, sondern sie alle, klein und groß, werden mich erkennen – Spruch des Herrn. Denn ich verzeihe ihnen die Schuld, an ihre Sünde denke ich nicht mehr.

3. Immer schon wußte Israel, daß der Bund für den Menschen bedeutet, das „Joch der Gebote" auf sich zu nehmen. Wie dieses Joch aber zu interpretieren und zu leben ist, das hat jeder Lehrer in Israel neu zu beantworten. Für Jesus ist das Dienen und das Aufbauen der anderen, wie es vor allem beim Propheten Deuterojesaja (Jes 40–55) geschildert wird, von besonderer Bedeutung. In Jes 53 wird gesagt, daß er unsere Krankheiten, unsere Verbrechen und unsere Sünden getragen hat, daß er sein Leben zum Sühnopfer gemacht hat.

4. Unmittelbar vor seinem Tod, beim letzten Mahl, verbindet Jesus ausdrücklich und unwiderruflich das Kommen des neuen Bundes und seinen Dienst. Das ist die Mitte der beiden Deuteworte über Brot und Wein. Im Hören auf den Willen Gottes hat Jesus gelernt, daß sein Weg in den Tod den Bund erneuern wird. Es ist eine Rettungstat für die Menschen. Bund und Hingabe „für euch" sind die zentralen Dimensionen des Abendmahls.

*Der Knecht Gottes*
Jes 53,3–5

3 Er wurde verachtet und von den Menschen gemieden, ein Mann voller Schmerzen, mit Krankheit vertraut. Wie einer, vor dem man das Gesicht verhüllt, war er verachtet; wir schätzten ihn nicht.
4 Aber er hat unsere Krankheit getragen und unsere Schmerzen auf sich geladen. Wir meinten, er sei von Gott geschlagen, von ihm getroffen und gebeugt.
5 Doch er wurde durchbohrt wegen unserer Verbrechen, wegen unserer Sünden zermalmt. Zu unserem Heil lag die Strafe auf ihm, durch seine Wunden sind wir geheilt.

*Beim letzten Abendmahl*
1 Kor 11,23–26

23 Denn ich habe vom Herrn empfangen, was
ich euch dann überliefert habe: Jesus, der Herr,
nahm in der Nacht, in der er ausgeliefert wurde,
Brot, 24 sprach das Dankgebet, brach das Brot
und sagte: Das ist mein Leib für euch. Tut dies
zu meinem Gedächtnis! 25 Ebenso nahm er nach
dem Mahl den Kelch und sprach: Dieser Kelch
ist der Neue Bund in meinem Blut. Tut dies,
sooft ihr daraus trinkt, zu meinem Gedächtnis!
26 Denn sooft ihr von diesem Brot eßt und aus
dem Kelch trinkt, verkündet ihr den Tod des
Herrn, bis er kommt.

## Vorschlag für die Gruppenarbeit

*Übung*

Dafür gelten folgende Regeln: In einer entspannten Körperhaltung mit geschlossenen Augen lasse ich den vergangenen Tag und dann die vergangene Woche vor meinem geistigen Auge möglichst bildhaft wie einen Film abrollen. Es kommt nicht auf die richtige Reihenfolge und auch nicht auf die Vollständigkeit an. Wichtig ist, jede Erinnerung aufzunehmen und dankend, lobend und bittend ins Gebet zu bringen.
Nach dieser Meditationsübung werden in kleinen Gruppen folgende drei Fragen besprochen:

1. Wie ist mir dieses Erinnern gelungen?
   Ist es mir gelungen, Sünde und Gnade miteinander zu verbinden, das heißt meine Geschichte als Anlaß zum Danken zu nehmen?
2. Welche erinnerte Szene kann ich als Erfahrung den anderen in der Gruppe mitteilen?
3. Zu welcher Tageszeit könnte ich regelmäßig eine solche Übung des Hörens und Erinnerns versuchen?

## Vorschlag für die Woche

Die Teilnehmer werden eingeladen, jeden Tag in dieser Woche dieses Sich-Erinnern zu üben und dadurch, entsprechend der Praxis Jesu, bewußt aus dem Bund mit Gott zu leben. Daraus ergibt sich die Aufgabenstellung für die Woche.
Jeder soll sich täglich mindestens zehn Minuten Zeit nehmen, in der er sich fragt:

Wo habe ich heute die Erfahrung von Befreiung, Angenommensein und Zugehörigkeit zu Gott (beziehungsweise das Gegenteil) erlebt?

Die Erfahrungen können schriftlich festgehalten und beim nächsten Treffen den anderen in der Gruppe mitgeteilt werden.

# Das Zweite Wort

**Du wirst neben mir**
**keine anderen Götter haben.**
**Du wirst dir kein Bildnis machen**
**und keinerlei Gestalt von dem,**
**was im Himmel oben, auf der Erde unten**
**oder im Wasser unter der Erde ist.**
**Du wirst dich vor ihnen nicht niederwerfen**
**und ihnen nicht dienen,**
**denn ich, der Herr, dein Gott,**
**bin ein eifernder Gott,**
**der die Schuld der Väter**
**an den Kindern ahndet**
**bis in das dritte und vierte Geschlecht derer,**
**die mich hassen; aber Gnade erweist**
**bis ins tausendste Geschlecht**
**derer, die mich lieben**
**und meine Gebote halten.** Exodus 20,3–6

Im Zweiten Wort von Sinai* steht die Liebe Gottes im Mittelpunkt. Die Verstümmelung des Textes und die Beschränkung auf die Anfangssätze bergen die Gefahr, diese Selbstmitteilung Gottes in ein (christliches) Gebot umzumünzen, bei dem der Mensch zuerst etwas tun bzw. lassen muß.
Die zentrale Aussage der Selbstoffenbarung Gottes in diesem Text lautet: *Ich, der Herr, dein Gott, bin*

* In der Zählung des Augustinus, der auch die katholische Tradition weitgehend folgt, zählt dieses Zweite Wort als Erstes. Die Zehnzahl erreicht Augustinus, indem er das Zehnte Wort in zwei Teile zerlegt.

*ein eifernder Gott.* Das Zweite Wort interpretiert damit den Anfang des Sch$^{e}$ma: die Einzigkeit Gottes. Die Einzigkeit und die Einladung, Gott zu lieben, ergibt sich aus seiner eifernden Hingabe für seinen Bundespartner. Dabei handelt es sich nicht um blinde Eifersucht, sondern *um die eifernde Ausschließlichkeit der Liebe.* Kein Lebensbereich des Geliebten ist ihm gleichgültig. Alles ist ihm wichtig.
Die Bibel schildert in zahlreichen Bildern die Liebe Gottes, seine absolute, treue und sorgende Zuwendung zu seinem Volk. Das Übermaß der Gnade „bis ins tausendste Geschlecht" ist der Zielpunkt dieser Selbstoffenbarung. Bezeichnend dafür ist die Interpretation dieses Wortes vom Sinai in der Erzählung von der zweiten Übergabe der steinernen Tafeln. Die Gnade wird dort zuerst erwähnt, *vor* der Schuld, die Strafe wird nur als *„nicht ganz ungestraft"* eingeschätzt: „Da fuhr der Herr in der Wolke herab und trat daselbst neben ihn. Und als Mose den Namen des Herrn anrief, ging der Herr vor seinem Angesicht vorüber und rief: Der Herr, der Herr – ein barmherziger und gnädiger Gott, langmütig und reich an Huld und Treue, *der Gnade bewahrt bis ins tausendste Geschlecht,* der Schuld und Missetat und Sünde verzeiht, *aber nicht ganz ungestraft läßt,* sondern die Schuld der Väter heimsucht an Kindern und Kindeskindern, bis ins dritte und vierte Geschlecht." (Ex 34, 5–7)
Nicht in neutraler, passiver oder gleichgültiger Offenheit steht Gott dem Menschen gegenüber, sondern mit leidenschaftlicher, aktiver und werbender Anteilnahme geht Gott jedem einzelnen nach. Der Mensch muß nichts tun als hinhören auf diese werbende Liebe.

**Gebetsschule: Wir hören den Anspruch der**

Jeder Mensch sehnt sich nach Liebe und lebt aus ihr. Diese Situation enthält eine Gefahr. Wer nach Liebe hungert, ist selten zufrieden. Er mißbraucht die Angebote, die er erhält. Er neigt zum Egoismus. Dieser Gefahr soll durch das Zweite Wort vom Sinai begegnet werden. Gott ist es, der mich liebt. Die Ausschließlichkeit und Einzigartigkeit dieser Liebe deckt auf, wo meine fremden Götter sind. Die Beziehung zu Gott soll auch mein Bild von dieser Welt prägen und soll bei aller Sehnsucht nach Liebe und in allen Erfahrungen von menschlicher Liebe den Egoismus überwinden und vermeiden.

Im Anspruch der Liebe Gottes erhält mein Leben Richtung und Norm:

1. Im betenden Hören auf das Zweite Wort vom Sinai kann ich meine fremden Götter entdecken. Im allgemeinen sind sie nicht bewußt und kommen zur Wirkung, weil sie sich nicht deutlich zeigen. Dabei gibt es grundsätzlich nichts, was für mich nicht zum Götzen werden kann. –
Wo sind meine fremden Götter? Welche Beziehung, welches Ereignis, welche Beschäftigung hat

**Liebe Gottes**

mich zu sehr besetzt, war mir zu wichtig? Wo habe ich aus Sehnsucht nach Liebe Liebe mißbraucht?

2. Der Anspruch der Liebe Gottes macht es mir unmöglich, eine bestimmte Weltanschauung, bestimmte Rassen, ein Geschlecht, irgendwelche Lebensformen und Verhaltensweisen absolut zu setzen und deshalb andere Menschen zu verachten. Die ganze Welt ist Schöpfung Gottes. Mein Verhältnis zur Welt ist in Gefahr, durch Ideologien aus dem Gleichgewicht zu geraten. Wir machen uns Bilder, denen wir dienen.

3. Der Anspruch der Liebe Gottes schließt ein Verzweifeln an dieser Welt und dem menschlichen Leben aus. Auf die eifernde Zuwendung Gottes nicht antworten, ist keine legitime Alternative.

4. Im Zweiten Wort vom Sinai fällt besonders die „Inkonsequenz" der Liebe Gottes auf. Obwohl die Größe der Schuld sich an der Liebe mißt, antwortet Gott darauf nicht mit dem gleichen Maß. Das Übermaß der Gnade gibt mir immer neu die Möglichkeit zur Umkehr und zum Neuanfang.

## Erfahrungen im Leben Jesu

Dem ersten Eindruck nach waren die Sätze: „Du wirst neben mir keine anderen Götter haben" und „Du wirst dir kein Bildnis machen" jedem Juden klar. Und sie hatten große politische Bedeutung. Sie garantierten die nationale Identität in der Zeit der Fremdherrschaft; weit über die Grenzen des Landes hinaus bis in die fernste Diaspora begründeten sie den religiösen und geistigen Zusammenhalt der Juden. Selbst ihre Gegner wußten von dieser Bedeutung. Der letzte große Versuch, durch Einführung eines fremden Kultes für Zeus Olympios die Identität der Juden zu brechen, stammt von Antiochus IV. Epiphanes um 168 v. Chr. Er scheiterte. Aber auch die Juden scheiterten. Die syrische Fremdherrschaft mündete in die viel umfassendere der Römer; die eigenen Könige und Hohenpriester verstrickten sich immer wieder in die Intrigen von Macht und Geld.
Die Erfüllung der Tora geschieht nur selten zweckfrei, wie es das Zweite Wort vom Sinai meint: als Antwort auf die vorbehaltlose, eifernde Zuwendung und

Liebe Gottes. *Jesus hört in diesem Zweiten Wort zuerst dieses Angebot der Liebe Gottes.* Die einzelnen Erzählungen der Bibel sind für ihn Ausfaltungen dieses Wortes der Liebe. In allen Höhen und Tiefen, in allen Gefährdungen und in allen glücklichen Stunden ist ihm diese liebende Treue Gottes, wie er sie aus der Heiligen Schrift kennt, auch persönlich gegenwärtig. Er weiß sich in Gottes Liebe geborgen und ist deshalb sicher gegenüber den Menschen. Die vielen Vorschriften der schriftlichen und mündlichen Tora, deren Befolgen sein Leben prägt, sind ihm keine Last. Tägliches Lesen und Lernen ermöglichen ihm vielmehr, auf das Wort Gottes einzugehen und hinzuhören (Ex 34,7). Das Wort Gottes hören und es befolgen sind ihm eine innere Einheit.

## Jesus als Kind

Noch undifferenziert, aber sehr intensiv erlebt ein frommer Jude schon als Kind die Tora *als Quelle der Freude und als Geschenk der Erwählung*. In einer rabbinischen Erzählung (Midrasch) zur Sinaioffenbarung heißt es deshalb: „Als sie alle vor dem Berge Sinai standen, um die Tora zu empfangen, waren sie alle gleichgestimmt, die Herrschaft Gottes in Freuden zu empfangen."
Im täglichen Morgen- und Abendgebet betet Jesus mit:

*Aus einer Beracha vor dem Sch^e^ma Israel*

„Mit ewiger Liebe hast du uns geliebt,
mit übergroßem Erbarmen hast du dich unser erbarmt, Herr, unser Gott,
indem du uns Gesetze des Lebens lehrtest, deine Tora,
Weisungen und Rechtsordnungen.
Und diese meditieren wir Tag und Nacht.
Möge nun so deine Liebe
nimmer von uns weichen."

Für Jesus prägt sich diese Grundstimmung, nicht anders als für andere jüdische Kinder, am deutlichsten beim Abschluß des Laubhüttenfestes ein, beim Tora-Freudenfest (Simchat Tora). Es ist ein Fest, bei dem die Kinder besonders einbezogen sind. Die Tora-Rollen werden aus der Lade genommen und durch die Synagoge und die Straßen getragen.

Bella Chagall, die Frau von Marc Chagall, hat die Stimmung beim Tora-Freudenfest geschildert, wie sie sie aus ihrer Kinderzeit in Erinnerung hat.

„Einmal im Jahr ist es den Kindern erlaubt, in der Synagoge ungehindert vergnügt zu sein. Schon am Vorabend des Festes sind wir todmüde und atemlos vor lauter freudigem Tanzen. Die Synagoge ist voller Menschen, und so viele Jungen sind da, daß man nicht weiß, wo man sich vor ihnen verstecken soll. Zur Hakkafot-Prozession dürfen auch die kleinen Mädchen in die Männerabteilung; sie balgen sich zwischen den Füßen der Erwachsenen mit den Jungen herum.
Die Lichter scheinen mit neuem Feuer zu brennen. Der heilige Schrein steht offen, die Tora-Rollen, alle in Festtagsmäntelchen, werden eine nach der anderen herausgenommen. Die Synagoge ist festlich wie ein hoher Tempel. Die Männer tanzen, die Tora-Rollen in den Händen, und die Kinder stampfen und tanzen mit ihnen. Wir rennen wie die Wilden um das Pult des Vorbeters, laufen an der einen Seite hinauf, an der anderen hinunter. Die Stufen ächzen unter unseren Füßen.
Jeder stößt und jagt den anderen und versucht, so oft wie möglich um das Pult zu kreisen, und keiner hat Zeit, das geschnitzte Geländer zu berühren oder schnell zu streicheln, nicht einmal Atem schöpfen kann man.
In unseren Händen rasseln Klappern. Wir vollführen einen schrecklichen Lärm. Unsere Papierfähnchen pfeifen, flattern und zerreißen im Wind.
Der Synagogendiener verkriecht sich in einen Winkel, wahrscheinlich aus Angst, wir würden die Wände niederreißen. Da sieht er, daß die Bücher fast vom Pult fallen und ruft uns zu: ‚Bitte, Kinder, hört doch auf! Genug! Ihr ruiniert ja die ganze Synagoge!‘
Wir können nicht aufhören, obwohl uns schon schwindlig ist, die Füße gehorchen uns nicht mehr.
Wir gehen nach Hause. Mit meinem zerrissenen Fähnchen in der Hand trotte ich müde hinter meinen Brüdern her.“

*Bella Chagall, Brennende Lichter, Hamburg [7]1980, 91f.*

Je tiefer sich einem Kind diese Grundstimmung einprägt, desto unergründlicher und dunkler wird von ihm die exemplarische Geschichte des Abfalls erlebt, die Geschichte vom Goldenen Kalb (Ex 32). Ohne es zu verstehen, spürt das Kind die Wehrlosigkeit und Verletzbarkeit einer wirklichen Liebe. In der Liebe Gottes liegt, auch für ein Kind erfahrbar, seine Auslieferung an die Menschen begründet. In vielen Gebeten kommt dieser Zusammenhang zum Ausdruck:

*Aus einem Bußgebet des 4. Jahrhunderts v. Chr.*
Neh 9,6a.16–21

6a Du, Herr, bist der Einzige.
16 Unsere Väter aber wurden hochmütig; sie waren trotzig und hörten nicht auf deine Gebote.
17 Sie weigerten sich zu gehorchen und dachten nicht mehr an die Wunder, die du an ihnen getan hattest. Hartnäckig setzten sie sich in den Kopf, als Sklaven nach Ägypten zurückzukehren. Doch du bist ein Gott, der verzeiht, du bist gnädig und barmherzig, langmütig und reich an Huld; darum hast du sie nicht verlassen.
18 Sie machten sich sogar ein gegossenes Kalb und sagten: Das ist dein Gott, der dich aus Ägypten herausgeführt hat!, und sie verübten schwere Frevel.
19 Du aber hast sie in deinem großen Erbarmen nicht in der Wüste verlassen. Die Wolkensäule wich nicht von ihnen bei Tag, sondern führte sie auf ihrem Weg; ebenso erhellte die Feuersäule bei Nacht den Weg, den sie gehen sollten.
20 Du gabst ihnen deinen guten Geist, um sie zur Einsicht zu bringen. Du entzogst ihnen dein Manna nicht und gabst ihnen Wasser für ihren Durst.
21 Vierzig Jahre lang hast du für sie in der Wüste gesorgt. Sie litten keinen Mangel; ihre Kleider zerfielen nicht, ihre Füße schwollen nicht an.

## Jesus als Heranwachsender

Mit zunehmendem Alter gewinnen die vielen *Vergleiche und Bilder von der Liebe* Gewicht und Bedeutung für die Interpretation des Zweiten Wortes im Dekalog. Die innigen Liebeslieder des Hohen Liedes werden für Jesus nach der Pubertät zum erlebbaren Ausdruck seiner Gottesbeziehung. Wie die Geliebten dort sich verbinden und sich verlieren, sich suchen und finden, so erfährt er Gottes werbende Liebe für sich und sein Volk.

Hld 8,6f

6 Leg mich wie ein Siegel auf dein Herz, wie ein Siegel an deinem Arm!
Stark wie der Tod ist die Liebe, die Leidenschaft ist hart wie die Unterwelt.
Ihre Gluten sind Feuergluten, gewaltige Flammen.
7 Auch mächtige Wasser können die Liebe nicht löschen; auch Ströme schwemmen sie nicht weg.
Böte einer für die Liebe den ganzen Reichtum seines Hauses, nur verachten würde man ihn.

Hld 2,1–7

1 Ich bin eine Blume auf den Wiesen des Scharon, eine Lilie der Täler.

2 Eine Lilie unter Disteln ist meine Freundin unter den Mädchen.

3 Ein Apfelbaum unter Waldbäumen ist mein Geliebter unter den Burschen.
In seinem Schatten begehre ich zu sitzen. Wie süß schmeckt seine Frucht in meinem Gaumen!
4 In das Weinhaus hat er mich geführt. Sein Zeichen über mir heißt Liebe.
5 Stärkt mich mit Traubenkuchen, erquickt mich mit Äpfeln; denn ich bin krank vor Liebe.
6 Seine Linke liegt unter meinem Kopf, seine Rechte umfängt mich.

7 Bei den Gazellen und Hirschen auf der Flur beschwöre ich euch, Jerusalems Töchter:
Stört die Liebe nicht auf, weckt sie nicht, bis es ihr selbst gefällt.

Allerdings wiederholt sich auch in der Zeit Jesu vielfältig die Abkehr von Gott. Die Geschichte vom Goldenen Kalb und vom Abfall zum Baal gewinnt traurige Aktualität. Seit 6 n. Chr., also etwa zur Zeit seiner Bar Mizwa, seiner religiösen Volljährigkeit, üben in Judäa römische Prokuratoren die Macht aus. Von da an wächst die Auseinandersetzung zwischen Römern und Juden ständig an, bis es zu den großen Erhebungen in den Jahren 66–70, 115–117 und 132–135 kommt. Aber nicht nur die Römer sind schuld.
Der Gegensatz zwischen Juden und Samaritanern entlädt sich immer wieder in blutigen Auseinandersetzungen. Besonders schmerzlich muß die Spannung zwischen den Pharisäern und dem einfachen Volk auf Jesus gewirkt haben. Die Pharisäer stehen dem Volk nah; sie kommen selbst aus dem Volk und sie kämpfen mit dem Ruf zur Umkehr, zur Gesetzeseinhaltung, zur Frömmigkeit für das Volk. Das schafft Leben und Zusammengehörigkeit. Die Wirklichkeit sieht oft anders aus. Viele im Volk versinken in Resignation und Gleichgültigkeit. Viele Pharisäer werden legalistisch, leiten aus ihrer besseren Gesetzeserfüllung besondere Ansprüche ab und vergrößern so die Kluft zum Volk.
Für Jesus bleibt die Zusage der Liebe Gottes trotzdem gültig. Sie bekommt noch einen besonderen *Akzent der Treue und Bewährung.*

Hos 11,1–9

[1] Als Israel (Jakob) jung war, gewann ich ihn
lieb, ich rief meinen Sohn aus Ägypten.
[2] Je mehr ich sie rief, desto mehr liefen sie von
mir weg. Sie opferten den Baalen und brachten
den Götterbildern Rauchopfer dar.
[3] Ich war es, der Efraim gehen lehrte, ich nahm
ihn auf meine Arme.
Sie aber hatten nicht erkannt, daß ich sie heilen
wollte.
[4] Mit menschlichen Fesseln zog ich sie an mich,
mit Ketten der Liebe.
Ich war da für sie wie die (Eltern), die den Säug-
ling an die Wange heben. Ich neigte mich ihm
zu und gab ihm zu essen.

[5] Doch er muß wieder zurück nach Ägypten, As-
sur wird sein König sein; denn sie haben sich
geweigert umzukehren.
[6] Das Schwert wird in seinen Städten wüten; es
wird seinen Schwätzern den Garaus machen
und sie wegen ihrer Pläne vernichten.
[7] Mein Volk verharrt in der Treulosigkeit; sie ru-
fen zu Baal, doch er hilft ihnen nicht auf.

[8] Wie könnte ich dich preisgeben, Efraim, wie
dich aufgeben, Israel?
Wie könnte ich dich preisgeben wie Adma, dich
behandeln wie Zebojim?
*Mein Herz wendet sich gegen mich,* mein Mitleid
lodert auf.
[9] Ich will meinen glühenden Zorn nicht voll-
strecken und Efraim nicht noch einmal vernich-
ten.
*Denn ich bin ein Gott, nicht ein Mensch, der Hei-
lige in deiner Mitte.* Darum komme ich nicht in
der Hitze des Zorns.

Diese Erfahrung der Liebe Gottes *und* die Erkenntnis, daß die Menschen anderen Göttern nachlaufen, prägt Jesu Denken und Beten. Die Psalmen bieten dafür einen unerschöpflichen Reichtum.

*Aus den Psalmen*

Ps 16,4–6

[4] Viele Schmerzen leidet, wer fremden Göttern
folgt. Ich will ihnen nicht opfern, ich nehme
ihre Namen nicht auf meine Lippen.
[5] Du, Herr, gibst mir das Erbe und reichst mir
den Becher; du hältst mein Los in deinen Hän-
den.
[6] Auf schönem Land fiel mir mein Anteil zu. Ja,
mein Erbe gefällt mir gut.

Ps 119,14–16.47–51.140–143

14 Nach deinen Vorschriften zu leben freut mich
mehr als großer Besitz.
15 Ich will nachsinnen über deine Befehle und
auf deine Pfade schauen.
16 Ich habe meine Freude an deinen Gesetzen,
dein Wort will ich nicht vergessen.

47 An deinen Geboten habe ich meine Freude,
ich liebe sie von Herzen.
48 Ich erhebe meine Hände zu deinen Geboten;
nachsinnen will ich über deine Gesetze.
49 Denk an das Wort für deinen Knecht, durch
das du mir Hoffnung gabst.
50 Das ist mein Trost im Elend: Deine Verhei-
ßung spendet mir Leben.
51 Frech verhöhnen mich die Stolzen; ich aber
weiche nicht ab von deiner Weisung.

140 Deine Worte sind rein und lauter; dein
Knecht hat sie lieb.
141 Ich bin gering und verachtet, doch ich ver-
gesse nie deine Befehle.
142 Deine Gerechtigkeit bleibt ewig Gerechtig-
keit, deine Weisung ist Wahrheit.
143 Mich trafen Not und Bedrängnis, doch deine
Gebote machen mich froh.

Ps 105,5–8

5 Denkt an die Wunder, die er getan hat, an
seine Zeichen und die Beschlüsse aus seinem
Mund.
6 Bedenkt es, ihr Nachkommen seines Knechtes
Abraham, ihr Kinder Jakobs, die er erwählt hat.
7 Er, der Herr, ist unser Gott. Seine Herrschaft
umgreift die Erde.
8 Ewig denkt er an seinen *Bund,* an das Wort,
das er gegeben hat *für tausend Geschlechter.*

Ps 115,4–9

4 Die *Götzen der Völker* sind nur Silber und
Gold, ein Machwerk von Menschenhand.
5 Sie haben einen Mund und reden nicht, Augen
und sehen nicht;
6 sie haben Ohren und hören nicht, eine Nase
und riechen nicht;
7 mit ihren Händen können sie nicht greifen, mit
den Füßen nicht gehen, sie bringen keinen Laut
hervor aus ihrer Kehle.
8 Die sie gemacht haben, sollen ihrem Mach-
werk gleichen, alle, die den Götzen vertrauen.
9 Israel, vertrau auf den Herrn! Er ist für euch
Helfer und Schild.

## Jesu öffentliches Auftreten

1. Wie soll Jesus angesichts der inneren und äußeren Zerrissenheit seines Volkes das Zweite Wort vom Sinai hören und tun? Er geht zuerst zu Johannes dem Täufer, der die Umkehrpredigt endzeitlich kraftvoll verkündet und wird dann vom Geist in die Wüste geführt (Mt 4, 1–11). In den drei Versuchungen erlebt er die Versuchungen Israels nach und besteht sie.

Es beginnt wie mit der Versuchung des Volkes in der Wüste Sin (Ex 16). *Das Volk hat Hunger* und ruft: Laßt uns zu den Fleischtöpfen Ägyptens zurückkehren. Gott gibt ihnen darauf das Manna, Brot vom Himmel. Im Buch der Weisheit (15, 26) wird das Manna später als Wort Gottes ausgedeutet. Jesus antwortet dem Versucher in Anspielung auf diese Deutung: Der Mensch lebt nicht vom Brot allein, sondern von jedem Wort, das aus dem Munde Gottes hervorgeht (Mt 4, 4).
Dann will das Volk in Massa und Meriba nicht mehr weiterziehen, weil es *am Verdursten* ist (Ex 17, 1–7). Sie verlangen ein Gottesurteil: Wasser oder Sterben, und glauben selbst nicht an Gott. Jesus lehnt das angebotene Gottesurteil ab, weil er an Gott glaubt. Er will den Weg gehen, den Gott ihm weist.
Die Hauptversuchung ist in der Geschichte vom Goldenen Kalb erzählt. Mose ist lange abwesend. Das Volk will nicht warten. Es macht sich *einen eigenen Gott aus Gold und Schmuck,* der in dieser Welt mehr gilt und den es anbetet. Jesus soll *alle Reiche der Welt* erhalten, wenn er das Zweite Wort vom Sinai mißachtet. Auf diese Versuchung sagt Jesus: Hinweg, Satan! Denn es steht geschrieben: Du sollst den Herrn, deinen Gott, anbeten und ihm allein dienen (Mt 4, 10).

2. In der Bergpredigt ist Jesu Verkündigung von der Gottesherrschaft zusammengefaßt. Die Erfüllung der Tora ist die Antwort auf das Angebot der Liebe Gottes.

*Aus der Bergpredigt*
Mt 5, 17–19

17 Denkt nicht, ich sei gekommen, um das Gesetz und die Propheten aufzuheben. Ich bin nicht gekommen, um aufzuheben, sondern um zu erfüllen. 18 Amen, das sage ich euch: Bis Himmel und Erde vergehen, wird auch nicht der kleinste Buchstabe des Gesetzes vergehen, bevor nicht alles geschehen ist. 19 Wer auch nur eines von den kleinsten Geboten aufhebt und die Menschen entsprechend lehrt, der wird im Himmelreich der Kleinste sein. Wer sie aber hält und halten lehrt, der wird groß sein im Himmelreich.

Diese Forderung ist nicht neu für Jesu Zuhörer. Darin ist Jesus nicht originell. Mit fast den gleichen Worten wie im Alten Testament begründet er diesen Ruf zum Halten der Tora. Im Buch Levitikus 19,2 heißt es: „Seid heilig, denn ich, der Herr, euer Gott, bin heilig.“ In der Bergpredigt steht (Mt 5,48): „Ihr sollt also vollkommen sein, wie es auch euer himmlischer Vater ist.“ (Vgl. 1 Petr 1,16). Nur in der Logik der Liebe ist ein solcher Satz verstehbar. Auf die Zusage der Liebe Gottes gibt es keine andere Antwort.

3. Darum werden die Kleinen, die Verachteten, die Verfolgten, die Armen, die Kinder selig gepriesen (Mt 5,2–12). Sie sind, weil sie keine eigenen Leistungen vorweisen können, am ehesten für die Zusage der Liebe Gottes offen. „Niemand kann zwei Herren dienen; er wird entweder den einen hassen und den andern lieben, oder er wird zu dem einen halten und den andern verachten. Ihr könnt nicht beiden dienen, Gott und dem Mammon“ (Mt 6,24).

*Ein Dankgebet Jesu*
Mt 11,25–30

25 In jener Zeit sprach Jesus: Ich preise dich, Va-
ter, Herr des Himmels und der Erde, weil du all
das den Weisen und Klugen verborgen, den Un-
mündigen aber offenbart hast. 26 Ja, Vater, so
hat es dir gefallen. 27 Mir ist von meinem Vater
alles übergeben worden; niemand kennt den
Sohn, nur der Vater, und niemand kennt den
Vater, nur der Sohn und der, dem es der Sohn
offenbaren will.
28 Kommt alle zu mir, die ihr euch plagt und
schwere Lasten zu tragen habt. Ich werde euch
Ruhe verschaffen. 29 Nehmt mein Joch auf euch
und lernt von mir; denn ich bin gütig und von
Herzen demütig; so werdet ihr Ruhe finden für
eure Seele. 30 Denn mein Joch drückt nicht, und
meine Last ist leicht.

4. *In der Radikalität dieses Hörens und Tuns ist Jesus einzig.* Daß damit nicht ein Legalismus, eine Gesetzeserfüllung um ihrer selbst willen gemeint ist, geht aus seiner eigenen Praxis hervor. Die Tora ist nicht gegen, sondern *für die Menschen* gemacht. Die Grundintention dieses „für die Menschen" in der Tora und besonders im Zehnwort vom Sinai wird in der Bergpredigt, wieder in Aufnahme alttestamentlicher Weisungen, angesprochen. Jesus betont, ähnlich wie Hillel, ein Lehrer aus der Großvatergeneration Jesu, daß die Erfüllung des Gesetzes einfach ist. Gott über alles zu lieben und den Nächsten wie sich selbst, das genügt, weil es alle Gesetze zusammenfaßt. In dieser Interpretation ist sich Jesus mit den frommen Schriftgelehrten einig.

Abermals ereignete es sich, daß ein Nichtjude vor Schammai trat und zu ihm sprach: Mache mich zum Proselyten unter der Bedingung, daß du mich die ganze Tora lehrst, während ich auf *einem* Fuß stehe. Da stieß Schammai ihn fort mit der Elle, die er in der Hand hatte.
Darauf kam der Nichtjude zu Hillel und dieser machte ihn zum Proselyten und sprach zu ihm: Was dir nicht lieb ist, das tue auch deinem Nächsten nicht. Das ist die ganze Tora und alles andere ist nur die Erläuterung; geh und erlerne sie.
*Zit. nach Billerbeck I 357.*

*Das vornehmste Gebot*
Mk 12,28–34

28 Ein Schriftgelehrter hatte ihrem Streit zuge-
hört; und da er bemerkt hatte, wie treffend Je-
sus ihnen antwortete, ging er zu ihm hin und
fragte ihn: Welches Gebot ist das erste von al-
len? 29 Jesus antwortete: Das erste ist: Höre, Is-
rael, der Herr, unser Gott, der Herr ist Einer.
30 Darum sollst du den Herrn, deinen Gott, lie-
ben mit ganzem Herzen und ganzer Seele, mit
all deinen Gedanken und all deiner Kraft. 31 Als
zweites kommt hinzu: Du sollst deinen Näch-
sten lieben wie dich selbst. Kein anderes Gebot
ist größer als diese beiden. 32 Da sagte der
Schriftgelehrte zu ihm: Sehr gut, Meister! Ganz
richtig hast du gesagt: Er allein ist der Herr, und
es gibt keinen andern außer ihm, 33 und ihn mit
ganzem Herzen, ganzem Verstand und ganzer
Kraft zu lieben wie sich selbst, ist weit mehr als
alle Brandopfer und anderen Opfer. 34 Jesus
sah, daß er mit Verständnis geantwortet hatte,
und sagte zu ihm: Du bist nicht fern vom Reich
Gottes. Und keiner wagte mehr, Jesus eine
Frage zu stellen.

## Vorschlag für die Gruppenarbeit

Die fremden Götter haben jeweils ein anderes Gesicht. Aufgabe der Christen bleibt es, die für ihre Zeit wichtigen Gesichter der fremden Götter zu entlarven. Das gelingt nur in der Erinnerung an die Liebe Gottes. Im Hören auf den Anspruch dieser Liebe werden die Götzen in meinem Leben offenbar.
Jede Gruppe erstellt ein (nicht unbedingt vollständiges) Alphabet der fremden Götter; diese werden auf einem Plakat aufgeschrieben und anschließend im Plenum vorgelesen. So entsteht ein sehr breites Feld an Gefährdungen, denen wir ausgesetzt sind. Ein Beispiel: Beim Buchstaben A könnten die Gruppen aufschreiben: Alkohol, Arbeit, Astrologie, usw.

## Vorschlag für die Woche

Die Teilnehmer der Katechese sollen in der kommenden Woche über folgende Fragen nachdenken und sich dafür täglich eine feste Zeit vornehmen.

1. Wo habe ich in meinem Leben die Eifersucht Gottes erlebt? Wo habe ich also gemerkt, daß es mir geschadet hat, fremden Göttern nachzulaufen?
Die Aufgabe besteht darin, die fremden Götter in meinem Leben zu entdecken. Die Frage stellt sich jeden Tag neu: Wo sind meine „fremden Götter“?

2. In welchen Erfahrungen meines Lebens ist mir die „Inkonsequenz“ der Liebe Gottes, das Übermaß der Gnade und die Vergebung der Schuld, deutlich geworden?

Das
Dritte
Wort
vom
Sinai

**Du wirst den Namen des Herrn, deines Gottes, nicht mißbrauchen; denn der Herr läßt den nicht ungestraft, der seinen Namen mißbraucht.** Exodus 20,7

Das Dritte Wort vom Sinai heißt im Urtext: „Du wirst den Namen *Jahwes,* deines Gottes, nicht mißbrauchen. Denn *Jahwe* läßt den nicht ungestraft, der seinen Namen mißbraucht."

Als die griechisch sprechenden Juden in der Diaspora die hebräische Sprache, in der ihre Bibel geschrieben ist, nicht mehr verstanden, wurde in Ägypten im dritten Jahrhundert v. Chr. eine Übersetzung der Bibel ins Griechische angefertigt. Der Name „Jahwe" wurde einfach mit „Kyrios" – „Herr" wiedergegeben. Das hat sich in unseren Bibelübersetzungen erhalten, obwohl die Intention dieser Übersetzung im allgemeinen nicht mehr bekannt ist.

Offensichtlich war es aus Ehrfurcht schon in vorchristlicher Zeit üblich, immer dann, wenn in der hebräischen Bibel der Gottesname „Jahwe" stand, „Adonai" – „Herr" zu lesen, den Gottesnamen selbst also nicht auszusprechen. Die griechische Übersetzung verwendet dann nur noch „Herr", um diesen heiligen Brauch, den Namen Gottes nicht auszusprechen, auch in der fremden Sprache zu bewahren[1]. Die griechisch sprechenden Juden waren

---

[1] In Achtung vor diesem Brauch wurde bei der Übersetzung des Zehnworts in den Überschriften auf den Namen „Jahwe" verzichtet und der aus unseren Bibeln gebräuchliche Ersatz „Herr" gewählt.

sich dieser Bedeutung noch bewußt. Für uns ist die Übersetzung „Herr" zu geläufig geworden. Der Titel „Herr" ist für uns ein Allerweltswort. Die meisten Christen wissen deshalb gar nicht mehr, daß ihr Gott einen Namen, einen Eigennamen, hat und sich damit den Israeliten geoffenbart hat.
Fromme Juden vermeiden außer im Gottesdienst auch das Wort „Herr". Sie sagen für Gott „der Ewige", „der Gepriesene" oder einfach „ha schem" – „der Name". M. Buber übersetzt den Namen Gottes in seiner deutschen Bibelausgabe mit den großgeschriebenen Personalpronomina „ICH" oder „ER". Mit dem Versuch Bubers wird im Deutschen erreicht, was in der hebräischen Bibel der Unterschied zwischen geschriebenem „Jahwe" und gesprochenem „Adonai" – „Herr" bewirken soll. Man soll beim Lesen und Sprechen hängenbleiben an der ungeheuerlichen Tatsache, daß Gott sich mit seinem Namen den Menschen kundgetan hat. Er ist, mit einem Ausdruck von K. Rahner, das nahegekommene Geheimnis. „Ha schem" – das ist die Erfahrung des unergründlichen Gottes. Ehrfurcht und Dank ist die richtige Antwort des Menschen auf das Dritte Wort vom Sinai. Das gilt auch für seine Schöpfung: für die Menschen und die Erde.

## Gebetsschule: Wir hören auf das Geheimnis

Vielfältig, in Literatur, Kunst, Architektur und in Medien kommt der Gottesname vor. So erfreulich das ist, es bedeutet auch eine Gefahr. Gott wird zu einem Ding neben anderen Dingen, weil nicht faßbar wird, daß mit diesem Namen das ganz Andere, das unergründbare Geheimnis bezeichnet wird.
Gegen die Versuchung, sich von der Vielfalt dieser Welt gefangennehmen zu lassen, ist das Dritte Wort vom Sinai das einzige Bollwerk. *Ein Name* wird der Vielheit der Worte und Sprachen gegenübergestellt. In ihm wird das Geheimnis der Nähe Gottes als Mitte des menschlichen Lebens angezeigt; in ihm wird auf die unerforschliche, unaussprechliche und ungreifbare Mitte menschlicher Existenz verwiesen. Für den Menschen bedeutet das, sein Leben nicht von der Oberfläche und Zerstreutheit, sondern von dieser ungreifbaren Tiefe und Mitte her als Geschenk und Gnade zu erfahren.
Ein Rätsel kann man auflösen, ein Geheimnis nicht. Ihm kann man sich nur staunend nähern, wobei die Nähe das Geheimnis nicht kleiner, sondern größer macht. Jeder kennt aus der Erfahrung der zwischenmenschlichen Liebe diese Tatsache. *Das Geheimnis der Nähe Gottes, nicht seine Fremdheit und Ferne,* führen deshalb den Menschen *zur Ehrfurcht, zum staunenden Hören, zum Aufhorchen* in der „langen Weile" des täglichen Betriebs. Diese Ehrfurcht läßt sich einüben, indem ich auf das Geheimnis der Nähe Gottes in meinem Leben achte.

### der Nähe Gottes

1. Wo prägt diese Nähe Gottes mein Leben? Wo erfahre ich das Geheimnis der Nähe Gottes?
Jeder kennt aus eigener Erfahrung Beispiele für die Wirksamkeit von vielen, meist unbewußten Mächten, die das Leben bestimmen und gestalten. Man will eine Gewohnheit, eine Einstellung, ein Verhalten ändern; es gelingt aber nicht; der gute Wille allein reicht nicht. Es bedarf dazu einer Gegenkraft, von der her das Leben neue Orientierung und Gestaltung erfährt. Gott ist eine solche geheimnisvolle Kraft, die uns jenseits der bewußten Ebene erreichen und beeinflussen kann.

2. Gott hat sich dem Menschen mit seinem Namen geoffenbart. Das Kennen des Namens bedeutet Vertrautheit und Nähe, aber zugleich auch Verantwortung. Wenn ein Mensch einen anderen kennenlernt, ihm begegnet ist, kann er nicht mehr in den alten Zustand zurück und so tun, als ob ihm der andere fremd wäre. Gottes Name wird mißbraucht, wenn die Nähe zu gleichgültiger Gewöhnung und zum oberflächlichen Gebrauch im religiösen Betrieb führt. Er wird auch mißbraucht, wenn die Vertrautheit in falsche Vertraulichkeit umschlägt. Das Geschenk der Nähe Gottes kann der Mensch nur mit Liebe und Hingabe, mit Lob und Dank beantworten.

## Erfahrungen im Leben Jesu

Die Warnung vor dem Mißbrauch des Namens Jahwe hat für Jesus einen positiven Klang, weil der Gottesname für ihn gefüllte Wirklichkeit ist. Er hört das Dritte Wort vom Sinai auf dem Hintergrund der bekannten Geschichte von der Namensoffenbarung Gottes an Mose im brennenden Dornbusch: „Weiter sprach Gott zu Mose: So sag zu den Israeliten: Jahwe, der Gott eurer Väter, der Gott Abrahams, der Gott Isaaks und der Gott Jakobs, hat mich zu euch gesandt. Das ist mein Name für immer, und so wird man mich nennen in allen Generationen“ (Ex 3,15).
Gott gibt sich selbst mit seinem Namen den Menschen preis. Für Jesus ist der Anfang des Sch$^{e}$ma, das er täglich mindestens zweimal betet, *die* Antwort des Menschen: „Höre Israel. Der Herr, unser Gott, der Herr ist Einer.“ Seine Aufgabe besteht darin, diesen viel gesprochenen Satz nicht zur inhaltsleeren Formel werden zu lassen. In ihm soll *das lebendige und persönliche Dasein Gottes für die Menschen als unergründliches Geheimnis* zum

immer neu erschreckenden Erlebnis werden.
Jesus erfüllt diese Aufgabe, indem er selbst aus diesem lebendigen Namen Gottes lebt – und indem er den Menschen Möglichkeiten des Mißbrauchs bewußt macht. Gott hat sich in seiner Zuneigung und Liebe zum Menschen exponiert. Ihn im Leben gleichgültig nicht zur Kenntnis nehmen oder sich seiner im religiösen Betrieb bemächtigen zu wollen bedeutet, den personalen Charakter der Namensoffenbarung verkennen und den Namen mißbrauchen. Die Gerichtsworte Jesu sind ein eindringlicher Beleg für das einzigartige Angebot der Nähe Gottes. Eine neutrale Antwort dazu ist nicht möglich.

## Jesus als Kind

Die Ehrfurcht vor dem Namen Gottes umgibt schon die ersten Erfahrungen des Kindes mit dem Schleier des Geheimnisses. In den wichtigsten täglichen Gebeten, die ein Kind schon früh lernt, wiederholt sich immer wieder die Bitte um die Heiligung des Namens Gottes und doch wird dieser Name nicht ausgesprochen.

*Aus dem Kaddisch*

Das Gebet hat von der Bitte um die Heiligung den Namen: (Kaddisch, aramäisch: heilig)

2. Gepriesen sei und gerühmt und verherrlicht und erhoben und erhöht und gefeiert und hocherhoben und bejubelt der Name des Heiligen, gelobt-sei-er, hoch über allen Preis und Gesang, Lob und Trostverheißung, die in der Welt gesprochen werden; und sprecht: Amen.

*Aus dem Achtzehngebet*

3. Heilig bist du, und furchtbar ist dein Name, und kein Gott ist außer dir. Gepriesen seist du, Herr, heiliger Gott.

Der Gottesname „Jahwe“ wird nicht ausgesprochen. Aber er ist in der Umgebung eines Kindes in Israel als Geheimnis immer gegenwärtig. Vielfältig ist er in die Namen der Menschen eingegangen: Jesaja, Sacharja, Obadja, Johannes beinhalten ihn. Auch im Namen Jesu ist in Kurzform der Gottesname enthalten. Der „Namenspatron“ Jesu ist Josua, der Führer bei der Landnahme nach dem Tod Mose. Josua ist eine Abkürzung von Jehoschua, das heißt: Jahwe rettet, Jahwe hilft.
Mit fünf Jahren lernt Jesus lesen, und zwar mit der Bibel als Lesefibel. Spätestens von da an erlebt er selbst jedesmal, wenn in der Bibel der Name „Jahwe“ steht, die geheimnisvolle Spannung, daß er etwas anderes lesen muß als dasteht. *Er erfährt sich darin aktiv als Verkünder dieses Geheimnisses.* Die Worte des 8. Psalms geben seine eigene Erfahrung wirklichkeitsgerecht wieder.

*Aus dem Psalm 8*

2 Herr, unser Herrscher, wie gewaltig ist dein Name auf der ganzen Erde; über den Himmel breitest du deine Hoheit aus.
3 *Aus dem Mund der Kinder und Säuglinge* schaffst du dir Lob, deinen Gegnern zum Trotz; deine Feinde und Widersacher müssen verstummen.
4 Seh' ich den Himmel, das Werk deiner Finger, Mond und Sterne, die du befestigt:
5 Was ist der Mensch, daß du an ihn denkst, des Menschen Kind, daß du dich seiner annimmst?

Einmal im Jahr, am Versöhnungstag (Jom Kippur) spricht der Hohepriester im Tempelgottesdienst den Namen „Jahwe“ aus. Schon von daher bekommt dieser Tag sein besonderes Gewicht. Sobald Jesus an der Wallfahrt nach Jerusalem teilnehmen durfte, warf er sich beim Aussprechen des Namens Gottes durch den Hohenpriester mit allen anderen auf sein Angesicht und sprach die vorgeschriebene Antwort mit: „Gepriesen sei der Name des herrlichen Reiches immer und ewiglich.“
Die geheime Bedeutung des Gottesnamens erklärt auch viele biblische Geschichten, in denen die Namensgebung eine besondere Rolle spielt. Bei den Vätern wird „Abram“ zu „Abraham“ – „Vater der Menge“ (Gen 17,5), „Sarai“ zu „Sara“ – „Herrin“ (Gen 17,15), „Jakob“ zu „Israel“ – „Gottesstreiter“ (Gen 32,29). Israels Erbfeinde, die Moabiter („vom Vater“) und die Ammoniter („Sohn meines Verwandten“), verraten in ihren Namen die Tatsache der Verwandtschaft mit Israel und den genauen Grad der auch von Israel her nicht schuldfreien Zusammengehörigkeit und gegenseitigen Abhängigkeit (Gen 19,30–38).
Besonders eindrucksvoll wirkt die Lebensgeschichte des Propheten Hosea auf ein Kind. Hosea muß im Auftrag Gottes sein Leben zur Zeichenhandlung seiner Botschaft vom kommenden Gericht machen und deshalb eine Dirne als Zeichen der Untreue heiraten und seine drei Kinder vom drohenden Gericht Gottes her benennen: „Jesreel“ heißt der erste Sohn, weil die Ebene Jesreel unauslöschlich mit einer Bluttat der Könige Israels verbunden ist; „Nichtbegnadet“ heißt seine Tochter, „Nicht-mein-Volk“ der zweite Sohn. „Denn ihr seid

nicht mein Volk, und ich bin nicht euer Gott" (Hos 1,1–9).
Um so deutlicher wird nach diesen massiven Zeichenhandlungen der Kontrast der Rettung durch Gott angekündigt.

Hos 2,1–3

1 Einst werden die Söhne Israels so zahlreich sein, wie der Sand am Meer, der nicht zu messen und nicht zu zählen ist. Und statt daß man zu ihnen sagt: Ihr seid ‚nicht mein Volk', wird man zu ihnen sagen: Die Söhne des lebendigen Gottes seid ihr. 2 Die Söhne Judas und die Söhne Israels werden sich zusammenschließen; sie werden sich ein gemeinsames Oberhaupt geben und die Macht im Land wiedergewinnen. Wahrhaftig, ein großer Tag wird der Tag von Jesreel sein. 3 Nennt eure Brüder: Ammi (mein Volk), und eure Schwestern: Ruhama (Erbarmen).

## Jesus als Heranwachsender

Gerade nach Jesu Bar Mizwa treten politische Veränderungen ein, die jeden frommen Juden zutiefst berühren. Als Jesus etwa 14 Jahre alt ist, führt der Statthalter Quirinius von Syrien in Judäa eine Vermögensschätzung und Volkszählung durch, um mehr und auch gerechter Steuern für Rom eintreiben zu können. Damit wird die Fremdherrschaft weiter gefestigt, Gottes alleinige Herrschaft also in Frage gestellt. Diese Schätzung erfolgt nur in Judäa, aber die Erregung darüber erfaßt das ganze Land. Judas aus Galiläa und ein Pharisäer namens Sadduk rufen zum Aufstand, weil mit der Volkszählung die Knechtschaft besiegelt werde. Um das Volk zu gewinnen, berufen sie sich auf Gott, dessen heiliger Name durch eine solche Zählung mißbraucht werde. Dabei konnten sie sich auf eine lange Tradition berufen.
Schon David wurde von Gott bestraft, weil er sein Volk zählen ließ (1 Sam 24). Sie beriefen sich auf das Danielbuch, das in der Zeit der Makkabäeraufstände um 160 geschrieben wurde, um die Menschen zum totalen Widerstand auch mit dem Einsatz ihres Lebens zu ermutigen. In ihm wird von drei jungen Männern berichtet, die der heidnische König in den Feuerofen werfen läßt, weil sie den Namen Gottes heilig halten wollen und die Verehrung des heidnischen Götterbildes ablehnen (Dan 3). Hinzu kommen die Heldenlegenden der Märtyrer aus dieser Zeit. Eine makkabäische Mutter wird mit ihren sieben Söhnen grausam hingerichtet, weil sie dem König widerstehen und ihrem Gott treu bleiben (2 Makk 7).

Der Aufstand des Judas aus Galiläa blieb zwar erfolglos, aber er hinterließ eine blutige Spur des Leidens im Land.
Jesus hat diese politischen und theologischen Auseinandersetzungen miterlebt. Der Mißbrauch des Namens Gottes liegt sicherlich auf beiden Seiten. Jedenfalls kennt er aus dieser Zeit bestens die Brisanz der Steuerfrage.

- Darf man dem Kaiser Steuern zahlen oder nicht, da doch das Kaiserbild auf der Münze den Anspruch des Kaisers unterstreicht? Ist das gegen die Heiligung des Namens Gottes? Vgl. Mt 22,15–22.
- Die Verachtung, mit der das Volk den Zöllnern begegnet, wird aus diesen geschichtlichen Ereignissen verständlich.
- Im Tempel wenigstens soll keine Münze mit einem menschlichen Abbild verwendet werden. Deshalb gibt es eine eigene Tempelwährung. Die Pilger tauschen ihr Geld bei den Händlern und Wechslern im Vorhof des Tempels.

Wie seine späteren Antworten in diesen Fragen zeigen, ist für Jesus das Geheimnis des Namens Gottes damit nicht ausgeschöpft. Indem der Name Gottes für eigene Interessen verfügbar gemacht wird, wird er auch mißbraucht. Das kann mit und ohne Kaiserbild geschehen.

L. Langfuss, ein rabbinischer Richter, schrieb in seinen Tagebüchern über die gläubigen Juden und ihren Todeskampf in Auschwitz:

„Wir waren Zeugen der Ankunft von Transporten aus Bendin und Sosnowiec. Ein älterer Rabbi war darunter. Da sie aus Städten, die in der Nähe gelegen waren, kamen, wußten sie, was sie erwartet. Sie wußten es. Und der Rabbi betrat den Entkleidungsraum, und plötzlich begann er zu tanzen und zu singen. Ganz allein. Und die anderen sagten nichts. Und er sang und tanzte eine ganze Weile. Dann starb er für ‚kiddush ha-shem', für die ‚Verherrlichung des Namens Gottes'."

*E. Wiesel, Die Massenvernichtung als literarische Inspiration, in: Gott nach Auschwitz, Freiburg 1979, 35.*

Das nahegekommene und doch unverfügbare Geheimnis Gottes erschließt sich in der Geschichte von *Mose,* der Gott sehen wollte.

Ex 33,18–23

[18] Dann sagte Mose: Laß mich doch deine Herrlichkeit sehen! [19] Der Herr gab zur Antwort: Ich will meine ganze Schönheit vor dir vorüberziehen lassen und den Namen des Herrn vor dir ausrufen. Ich gewähre Gnade, wem ich will, und ich schenke Erbarmen, wem ich will. [20] Weiter sprach er: Du kannst mein Angesicht nicht sehen; denn kein Mensch kann mich sehen und am Leben bleiben. [21] Dann sprach der Herr: Hier, diese Stelle da! Stell dich an diesen Felsen! [22] Wenn meine Herrlichkeit vorüberzieht, stelle ich dich in den Felsspalt und halte meine Hand über dich, bis ich vorüber bin. [23] Dann ziehe ich meine Hand zurück, und du wirst meinen Rücken sehen. Mein Angesicht aber kann niemand sehen.

Die gleiche Gotteserfahrung macht der Prophet *Elija*. Er ging in der Kraft der göttlichen Speise den Weg des Mose nach, vierzig Tage und vierzig Nächte bis zum Horeb. Dort erfährt er Gottes Nähe.

1 Kön 19,9–13

[9] Dort ging er in eine Höhle, um darin zu übernachten. Doch das Wort des Herrn erging an ihn: Was willst du hier, Elija? [10] Er sagte: Mit leidenschaftlichem Eifer bin ich für den Herrn, den Gott der Heere, eingetreten, weil die Israeliten deinen Bund verlassen, deine Altäre zerstört und deine Propheten mit dem Schwert getötet haben. Ich allein bin übriggeblieben, und nun trachten sie auch mir nach dem Leben. [11] Der Herr antwortete: Komm heraus, und stell dich auf den Berg vor den Herrn! Da zog der Herr vorüber: Ein starker, heftiger Sturm, der die Berge zerriß und die Felsen zerbrach, ging dem Herrn voraus. Doch der Herr war nicht im Sturm. Nach dem Sturm kam ein Erdbeben. Doch der Herr war nicht im Erdbeben. [12] Nach dem Beben kam ein Feuer. Doch der Herr war nicht im Feuer. Nach dem Feuer kam ein sanftes, leises Säuseln. [13] Als Elija es hörte, hüllte er sein Gesicht in den Mantel, trat hinaus und stellte sich an den Eingang der Höhle.

Dieser Gott ist trotzdem nicht politisch neutral. Im Namen Gottes muß Elija nach dieser Gottesbegegnung einen gefährlichen politischen Auftrag erfüllen. Mose durfte Gott schauen, nachdem er mit dem mächtigen Pharao gerungen und das Volk zum Sinai geführt hatte.

*Unser Gott lebt*

Aus einem rabbinischen Midrasch zu Ex 5,2

Die Begegnung zwischen Moses und dem Pharao war stürmisch, zumal der König gerade seine Briefe siebzig Schreibern diktierte, die seine Botschaft in ebenso vielen Sprachen ausfertigten.
Beim Anblick von Moses und seinem Bruder wurden die Schreiber von Entsetzen gepackt, warfen sich auf die Knie und ließen ihre Federn zu Boden fallen. Und die beiden Brüder erklärten dem Pharao: „Im Namen des Gottes Israels fordern wir dich auf, unser Volk ziehen zu lassen."
„Von welchem Gott sprecht ihr", gab der Pharao zornig zurück. „Wie heißt er, worauf beruht seine Macht? Wie viele Städte, wie viele Provinzen, wie viele Länder halten seine Legionen umschlossen. Wie viele Kriege hat er gewonnen?"
Moses und Aaron versuchten, das Unerklärliche zu erklären: „Die göttliche Macht hat nichts mit menschlicher Herrschbegierde zu schaffen, sie umfaßt das Universum und herrscht über die Elemente. Er entscheidet jeden Tag, wer leben und wer sterben wird." Da ließ der Pharao die Chroniken aller Nationen herbeischaffen und suchte darin nach dem Namen des Gottes Israels. Er fand dort die Namen der Götter von Moab, von Sidon und von Ammon, aber nicht den Namen des Gottes Israels. Und Moses und Aaron rufen ihn zur Vernunft: „Du bist wahnsinnig, den Lebendigen in den Grüften der Toten zu suchen! All die Namen all dieser Götter sind Namen von Toten, aber unser Gott lebt."

*E. Wiesel, Adam oder das Geheimnis des Anfangs, Freiburg 1980, 204.*

## Jesu öffentliches Auftreten

Jesus hat für die Heiligung des Namens Gottes gelebt. Die Menschen dahin zu führen, war seine Aufgabe. Er wußte aber auch, daß die Menschen vor dem Geheimnis Gottes immer versagen. Die Warnung vor dem Mißbrauch des Namens Gottes im Dritten Wort vom Sinai ist für Jesus deshalb nicht Grund zu weiteren moralischen Appellen, die doch ohne Erfolg bleiben. Er deutet dieses Wort als Aufforderung Gottes, von ihm und seiner Liebe selbst die Erfüllung zu erbitten. Die erste Bitte im Vaterunser lautet deshalb: „Geheiligt werde dein Name“. (Jesus vermeidet auch hier in der Gebetsunterweisung an die Jünger aus Ehrfurcht die ausdrückliche Nennung dieses Namens: „Jahwe“.)

1. Jesus will die Menschen dahin führen, daß sie glaubend auf den heiligen Namen Gottes hören. Schon in der Geschichte vom ersten öffentlichen Auftreten, in der Jesus mit Macht von Gott redet, erlebt er den Kontrast zwischen dem Versuch der Dämonen, wissend das Geheimnis aufzulösen und sich so seiner zu bemächtigen, und der Antwort der Zuhörer, die mit Erschrecken auf Gottes Nähe reagieren.

Mk 1,23–27

23 In ihrer Synagoge saß ein Mann, der von einem unreinen Geist besessen war. Der begann zu schreien: 24 Was haben wir mit dir zu tun, Jesus von Nazaret? Bist du gekommen, um uns ins Verderben zu stürzen? *Ich weiß, wer du bist:* der Heilige Gottes. 25 Da befahl ihm Jesus: Schweig und verlaß ihn! 26 Der unreine Geist zerrte den Mann hin und her und verließ ihn mit lautem Geschrei. 27 Da erschraken alle sehr, und einer fragte den andern: Was hat das zu bedeuten? Hier wird mit Vollmacht eine ganz neue Lehre verkündet. Sogar die unreinen Geister gehorchen seinem Befehl.

2. Jesus will die Menschen zum glaubenden Staunen vor dem lebendigen Gott bringen. *Er lehnt deshalb zuerst ab, daß andere in seinem Namen Wunder tun.*

Mt 7,21–23

21 Nicht jeder, der zu mir sagt: Herr! Herr!, wird in das Himmelreich kommen, sondern nur, wer den Willen meines Vaters im Himmel erfüllt. 22 Viele werden an jenem Tag zu mir sagen: Herr, Herr, sind wir nicht *in deinem Namen* als Propheten aufgetreten, und haben wir nicht *mit deinem Namen* Dämonen ausgetrieben und *mit deinem Namen* viele Wunder vollbracht? 23 Dann werde ich ihnen antworten: Ich kenne euch nicht. Weg von mir, ihr Übertreter des Gesetzes!

Aber diese Zurückweisung läßt sich nicht durchhalten. Jesus erfährt, *daß auch seine eigenen Wunder zweideutig bleiben*. Die Schriftgelehrten halten ihm vor, daß er Wunder auch im Namen des Beelzebul tun könnte. Das weist er schärfstens als unvergebbare Sünde wider den Heiligen Geist zurück. „Amen, das sage ich euch: Alle Vergehen und Lästerungen werden den Menschen vergeben werden, so viel sie auch lästern mögen; wer aber den Heiligen Geist lästert, der findet in Ewigkeit keine Vergebung, sondern seine Sünde wird ewig an ihm haften. Sie hatten nämlich gesagt: Er ist von einem unreinen Geist besessen." (Mk 3,28-30)

3. *Von da an weicht Jesus dem Volk nicht mehr aus wie bisher* (Mk 1,35.45). Er erfährt, daß er *mit seinem eigenen Leben* für seinen Auftrag einstehen muß. Der Mißbrauch des Namens Gottes von seiten der Menschen trifft ihn selbst. Umgekehrt: Wer Jesu Namen achtet, begegnet auch dem Namen Gottes richtig.

Mk 8,34–38

[34] Er rief die Volksmenge und seine Jünger zu sich und sagte: Wer mein Jünger sein will, der verleugne sich selbst, nehme sein Kreuz auf sich und folge mir nach. [35] Denn wer sein Leben retten will, wird es verlieren; wer aber sein Leben um meinetwillen und um des Evangeliums willen verliert, wird es retten. [36] Was nützt es einem Menschen, wenn er die ganze Welt gewinnt, dabei aber sein Leben einbüßt? [37] Um welchen Preis könnte ein Mensch sein Leben zurückkaufen? [38] Denn wer sich vor dieser treulosen und sündigen Generation meiner und meiner Worte schämt, dessen wird sich auch der Menschensohn schämen, wenn er mit den heiligen Engeln in der Hoheit seines Vaters kommt.

*Jetzt hindert er auch nicht mehr, daß einer in seinem Namen Wunder tut.*

Mk 9,38–41

[38] Da sagte Johannes zu ihm: Meister, wir haben gesehen, wie jemand *in deinem Namen* Dämonen austrieb; und wir versuchten, ihn daran zu hindern, weil er uns nicht nachfolgt. [39] Jesus erwiderte: Hindert ihn nicht! Keiner, der *in meinem Namen* Wunder tut, kann so leicht schlecht von mir reden. [40] Denn wer nicht gegen uns ist, der ist für uns. [41] Wer euch auch nur einen Becher Wasser zu trinken gibt, weil ihr zu Christus gehört – amen, ich sage euch: er wird nicht um seinen Lohn kommen.

Jesus ringt mit seinem Namen für die Heiligung des Namens Gottes. Der Auferstandene trägt deshalb auf, daß die Christen sich taufen lassen auf den Namen des Vaters, des Sohnes und des Heiligen Geistes (Mt 28,19; Apg 2,37f).

4. Ein alter Hymnus, der verwandt ist mit einem Gebet aus der jüdischen Neujahrsliturgie, zeigt diese neue Theologie des Namens Jesu; in Jesus hat Gott selbst den Menschen die Heiligung seines Namens und damit die Erfüllung seiner geheimnisvollen Nähe, die im Dritten Wort vom Sinai enthalten ist, geschenkt. Paulus verwendet diesen Hymnus in seinem Philipperbrief.

*Aus einem Gebet der Neujahrsliturgie*

So hoffen wir denn, Herr, unser Gott,
bald die Verherrlichung
Deiner Macht zu schauen,
wenn der Götzendienst von der Erde schwindet
und die Götzen vertilgt werden,
wenn die Welt verbessert wird
durch das Reich des Allmächtigen,
und alle Erdenkinder Deinen Namen anrufen
und alle Frevler der Erde sich Dir zuwenden.
Mögen doch alle Bewohner der Erde
einsehen und erkennen,
daß vor Dir sich jedes Knie beugen,
jede Zunge Dir Gehorsam schwören muß.
Vor Dir, Herr, unser Gott, sollen sie knien
und sich in Demut niederwerfen.
Der Majestät Deines Namens
sollen sie Huldigung bringen.
Ja, sie sollen alle
das Joch Deiner Herrschaft
auf sich nehmen,
und mögest Du bald über sie regieren
in Zeit und Ewigkeit.

*Zit. nach J.J. Petuchowski, Gottesdienst des Herzens, Freiburg 1981, 80f.*

Phil 2,6–11

Dieser Hymnus ist nicht von Paulus selbst gedichtet, sondern nur von ihm in seinem Philipperbrief zitiert und übernommen worden.

6 Er war Gott gleich, hielt aber nicht daran fest,
wie Gott zu sein,
7 sondern er entäußerte sich und wurde wie ein
Sklave und den Menschen gleich. Sein Leben
war das eines Menschen;
8 er erniedrigte sich und war gehorsam bis zum
Tod, bis zum Tod am Kreuz.
9 Darum hat Gott ihn über alle erhöht und ihm
den Namen verliehen, der größer ist als alle Na-
men,
10 damit alle im Himmel, auf der Erde und unter
der Erde ihre Knie beugen vor dem Namen Jesu
11 und jeder Mund bekennt: „Jesus Christus ist
der Herr“ – zur Ehre Gottes des Vaters.

## Vorschlag für die Gruppenarbeit

*Metaphermeditation*

In Ex 3,1–17 wird erzählt, daß Gott Mose seinen Namen offenbarte: „Jahwe". „Jahwe" bedeutet, wörtlich übersetzt, „ich bin der, der ich für euch dasein werde". Mit Berufung auf diesen Gottesnamen gelingt es Mose, das Volk Israel in Ägypten zum gefahrvollen Aufbruch zu bewegen.
Um etwas von der geheimnisvollen Nähe Gottes zu uns zu erahnen, kann man Assoziationen sammeln zu dem Satz: *Gott ist für mich wie* … (ein Fels, eine Quelle, eine Rose …).
Am besten legt man ein Plakat in die Mitte mit der Überschrift: „Jahwe" – „ich bin der, der ich für euch da sein werde". In der Mitte des Plakats steht der Satz: „Gott (Jahwe) ist für mich wie …". Jeder schreibt, wo er gerade sitzt und in beliebiger Reihenfolge, seine Assoziationen und Vergleiche auf das Plakat. So entsteht ein farbiges Gottesbild, das zum Staunen, Aufhorchen und zum Gespräch in der Gruppe einlädt. Die Plakate können an der Wand aufgehängt werden und die weiteren Abende der Gemeindekatechese begleiten.
Die Meditation kann mit einem gemeinsamen Gebet abgeschlossen werden, bei dem jeder einen Dank an Gott formuliert.

*Spiel: Ein Poster für dich*

Wenn noch Zeit bleibt, kann zusätzlich ein Spiel eingefügt werden, das auch den „Vorschlag für die Woche" einleitet. Sein Ziel: Unser Bild von den anderen bewußt machen und korrigieren.
Den Teilnehmern werden auf einer Styroportafel etwa 8 Fotos mit verschiedenen Motiven gezeigt. Nach einer kurzen Überlegungspause soll jeder zwei Fragen beantworten: Welche Aufnahme gefällt deiner Vermutung nach deinem Nachbarn zur Rechten? Welches Bild paßt deiner Ansicht nach gut zu ihm? In der folgenden kurzen Begründung soll deutlich werden, welches Bild die einzelnen voneinander haben, welche Vorlieben, welche Wesenszüge sie sich zuschreiben, aber auch, wie sie sich selbst sehen. Durch die Begründung und die Nachfragen der anderen wird das Bild gegebenenfalls auch korrigiert.

## Vorschlag für die Woche

Die Teilnehmer sollen sich täglich einen Namen aus ihrem Bekanntenkreis aussuchen, der ihnen wichtig ist. Sie sollen sich möglichst in den Träger des Namens hineinversetzen, ihm nahekommen. Der Name, das Bild von ihm und die Nähe zu ihm werden im Gebet vor Gott getragen, um so eine neue Dimension der Begegnung zu erleben.

# Das Vierte Wort

# vom Sinai

Gedenke des Sabbattages,
ihn zu heiligen.
Sechs Tage wirst du arbeiten
und all dein Werk verrichten.
Aber der siebente Tag
ist ein Sabbat dem Herrn, deinem Gott.
Da wirst du keinerlei Werk verrichten –
weder du noch dein Sohn
oder deine Tochter,
noch dein Knecht oder deine Magd,
noch dein Vieh, noch der Fremde,
der in deinen Toren ist.
Denn in sechs Tagen hat der Herr
Himmel und Erde gemacht,
das Meer und alles, was in ihnen ist;
aber am siebenten Tag hat er geruht.
Daher hat der Herr den Sabbattag
gesegnet und ihn geheiligt. Exodus 20,8–11

Das Vierte Wort vom Sinai gilt dem Sabbat. Nach manchen Lehrern ist der Sabbat der wichtigste Feiertag für den Juden überhaupt. In ihm wird Gottes Wirken unmittelbar erlebbar. In den Gebeten und in der Liturgie der Synagoge kommt eine dreifache Thematik dieses Wirkens Gottes zum Ausdruck: *Schöpfung, Erlösung, Offenbarung*. Alle drei Themen sind in der Heiligen Schrift als Begründung für dieses Vierte Wort vom Sinai ausdrücklich enthalten.

1. Der Sabbat erinnert an den Schöpfergott: „Gedenke des Sabbattages, ihn zu heiligen. ... Denn in sechs Tagen hat der Herr Himmel und Erde gemacht, das Meer und alles, was in ihnen ist" (Ex 20,8.11a).

2. Der Sabbat erinnert an den Gott, der Israel aus der Knechtschaft befreit und sie vom Joch der Ägypter erlöst hat: „Denk daran: Als du in Ägypten Sklave warst, hat dich der Herr, dein Gott, mit starker Hand und hoch erhobenem Arm dort herausgeführt. Darum hat es dir der Herr, dein Gott, zur Pflicht gemacht, den Sabbat zu halten" (Dtn 5,15).

3. Der Sabbat ist Zeichen des ewigen Bundes, den Gott mit seinem Volk geschlossen hat und der dem Bundespartner Ruhe schenkt und ein Aufatmen ermöglicht: „Die Israeliten sollen also den Sabbat halten, indem sie ihn von Generation zu Generation als einen ewigen Bund halten. Für alle Zeiten wird er ein Zeichen zwischen mir und den Israeliten sein. Denn in sechs Tagen hat der Herr Himmel und Erde gemacht; am siebten Tag ruhte er und atmete auf" (Ex 31,16f).

Gott teilt sich also im Sabbat den Menschen mit als Schöpfer und Herr der Welt, als Erlöser und Befreier aller Menschen, als Offenbarer und Bundespartner seines Volkes. Im Sabbat kommt seine heilschaffende Herrschaft umfassend zum Ausdruck. Der Prophet Ezechiel deutet das Vierte Wort vom Sinai deshalb so, daß *Gott den Menschen heiligt*, indem er ihm den Sabbat zur Heiligung übergibt. „Auch meine Sabbat-Tage gab ich ihnen zum Zeichen (des Bundes) zwischen mir und ihnen. Daran soll man erkennen, daß ich, der Herr, Israel heilige" (Ez 20,12). Der Mensch soll den *Sabbat als Geschenk* von Gott annehmen. In ihm erlebt er einen Vorgeschmack des endgültigen Kommens Gottes.

## Gebetsschule: Wir hören auf das Wirken Gottes in der Zeit

Der Sonntag, der dem jüdischen Sabbat entspricht, ist für den Christen traditionell der Tag der Ruhe, der Erholung, der Freizeit und der Tag des Gottesdienstes. Inzwischen stehen dem Menschen bei uns weitgehend zwei solche Tage der Ruhe in der Woche zu. Dennoch behält der Sonntag von seiner Ausrichtung her ein besonderes Gewicht.
Der Sonntag ist der Tag der Ruhe für den Menschen und somit Möglichkeit für ihn, das Wirken Gottes besser wahrnehmen zu können. Der Mensch soll aufhorchend daran Anteil gewinnen und Heil und Leben erfahren. Dabei muß er den Ruf Gottes von dem anderer Mächte unterscheiden. In beidem, im Hinhören auf Gott und im Weghören von den verführerischen Stimmen anderer Mächte *wird jeder Sonntag erst wirklich zum Tag des Herrn.*

1. Der *Bundesgott* schenkt dem Menschen Geborgenheit und Ruhe. Der Mensch darf sich von Gott geliebt wissen. Der Bund Gottes mit den Menschen bedeutet die verläßliche Zusage seiner Nähe.
Im Gottesdienst der Gemeinde ist das Wort der Bibel als Offenbarung Gottes Erinnerung an die vergangenen Heilstaten in der Geschichte Israels und der Kirche und zugleich Unterpfand und Zeugnis für die bleibend gültige Treue Gottes zu uns. Im Dank und Lob (Eucharistie) der Gemeinde soll der Mensch auf dieses heilende und helfende Wort Gottes antworten. Aus der inneren Geborgenheit und Ruhe fließen Freude und Dank; sie sollen deshalb am Sonntag die Grundstimmung ausmachen.

2. Im Hören auf Gottes Wirken als *Erlöser und Befreier* erfährt der Mensch, wem er das Leben wirklich verdankt. Die vierzigjährige Wüstensituation der Väter ist Symbol für die Abhängigkeit des Menschen von Gott in einer ausgesetzten und bedrohten Lage. Am Sonntag soll sich der Mensch auf diese einzige Sicherheit besinnen, die auch angesichts innerer und äußerer Todesdrohung standhält.
Die innere Folge der Abhängigkeit von Gott ist die grundsätzliche Gleichheit aller Menschen, gleich welcher Rasse, welcher Religion, welchem Geschlecht, welcher Partei, welcher Generation und welchem Volke sie angehören. Die vielfache Bedrohung der Menschenrechte deutet an, wie wenig der Mensch bereit ist, Gottes Ruf als Befreier und Erlöser zu hören.

3. Gottes Wirken als *Schöpfer* verweist den Menschen auf die Natur. Gott hat die Erde gut gemacht, heißt es im ersten Kapitel der Bibel. Die Natur kann

deshalb dem Menschen die Augen öffnen für das Wirken Gottes.

Zugleich macht der Mißbrauch der Erde heute offensichtlich, wie wenig der Mensch bereit ist, auf Gottes Wirken zu achten. Statt den Schöpfungsauftrag im Dienst Gottes zu erfüllen, haben wir längst begonnen, uns als Herren der Welt aufzuspielen und dabei unsere eigene Lebensgrundlage zu zerstören. In zwei Haupttendenzen läßt sich das feststellen:

a) Der Nord-Süd-Konflikt folgt aus einer rücksichtslosen Ausbeutung der Schätze der Erde zugunsten der nördlichen Erdhälfte und aus der verantwortungslosen Verschmutzung der Umwelt, vor allem durch die Industriestaaten.

b) Der Ost-West-Konflikt bedeutet zunehmend die Gefahr der totalen gegenseitigen Vernichtung, wobei auch der Planet Erde als Lebensgrundlage zerstört wird.

## Erfahrungen im Leben Jesu

Sabbat war für Jesus ein Freudentag, „auf den die ganze Woche hinsteuert, den man freudig begrüßt und von dem man bedauernd Abschied nimmt“ (G. Fohrer, Glaube und Leben im Judentum, UTB 885, Heidelberg 1979, 73).
Der Sabbat wird wie eine Braut voll Freude empfangen. Vielleicht wurde deshalb schon zu Jesu Zeiten zum Beginn des Sabbat am Freitagabend das Hohelied im Gottesdienst gelesen, wie es heute manche jüdischen Gemeinden tun. Im Mittelalter wurde zur Begrüßung des Sabbat das Sabbatlied gedichtet, dessen Kehrvers lautet: „Auf mein Freund, der Braut entgegen, Königin Sabbat wollen wir empfangen.“ Dieses Lied gibt sehr gut die *Grundstimmung* wieder, *mit der im Sabbat Gott selbst und seine Herrschaft erwartet und erlebt wurden.*
Am Ausgang des Sabbat steht eine eigene häusliche Feier, die *Havdala,* bei der Kerzen neu angezündet und wohlriechende Gewürze herumgereicht werden. Sie sind Symbol für den Duft des Sabbat, der in die beginnende Woche hineinwirken und

das baldige endgültige Kommen Gottes anzeigen soll. Auch der Becher des Elija, ein randvoll gefüllter Becher Wein, bereitgestellt für Elija als Vorboten des Messias, weist auf die Erwartung und Sehnsucht hin, in der dieser Tag endet. Jeder Sabbat ist Vorgeschmack und Angeld auf das Reich Gottes, auf den vollendeten Sabbat, den es einst geben wird.

## Jesus als Kind

Als Kind erlebt Jesus die Nähe Gottes vor allem in der häuslichen Sabbatfeier. Sie ist auch wichtiger als der Gottesdienst in der Synagoge. Anders als bei den Christen sind die einzelnen Teile dieser häuslichen Feier aus einer langen Tradition heraus gewachsen und genau vorgeschrieben. Die Feier am Freitagabend zum Sabbatbeginn erklärt die freundliche und herzliche Atmosphäre, die der Sabbat in die ganze Familie trägt. Diese Feier liegt in der Verantwortung der Hausfrau und ist schon deshalb den Kindern nahe. Da ist der festlich gedeckte Tisch, mit den brennenden Kerzen, die bei Einbruch der Dämmerung, also vor Sabbatbeginn angezündet werden, da ist der Kelch mit Wein, da sind die zwei zugedeckten Sabbatbrote.
Die Kinder helfen bei den Vorbereitungen mit. In der Küche wird das ganze Essen für den Sabbat vorbereitet. Von Freitagabend an wird nichts mehr gekocht, gebraten oder gebacken. Man kann das Kommen des Sabbat schon riechen. Alle sind voller Erwartung. Endlich ist der Synagogengottesdienst zu Ende; der Vater und die übrigen Familienmitglieder, die daran teilgenommen haben, kommen heim. Die Feier im Wohnzimmer beginnt.

*Ein gewisses Gewürz*

Der römische Kaiser fragte einmal den Rabbi Josua ben Chananja:
„Wie kommt es, daß eure Sabbatspeise so einen köstlichen Geruch hat?"
„Wir benutzen", antwortete er, „ein gewisses Gewürz, das Sabbat heißt, und tun es in die Speise. Daher kommt der köstliche Geruch."
„Dann gib uns doch etwas von diesem Gewürz", bat der Kaiser.
„Das würde dir nichts nützen", antwortete der Rabbi. „Es nützt nur dem, der den Sabbat hält. Für den, der den Sabbat nicht hält, ist es nutzlos."

*Zit. nach J. J. Petuchowski, Die Stimme vom Sinai, Freiburg 1981, 70.*

Vor dem Segen über Wein und Brot, den der Hausvater spricht und vor dem eigentlichen Festmahl wird in drei liturgischen Handlungen, für jedes Kind verstehbar, vermittelt, was der Sabbat für sein Leben bedeutet.
Zuerst wird die Geschichte vom Besuch der drei Männer bei Abraham erinnert (Gen 18). Gott selbst kommt und will in ihrer Mitte bleiben.
Dann spricht der Hausvater seiner Frau, die auf einem besonders geschmückten Sessel sitzt, den Text aus Spr 31,10–31 zu, eine Liebeserklärung in literarischer Form. Anschließend folgt der Segen über die Kinder.

Unter der Überschrift: „Heiligkeit am Abwaschbekken – das jüdische Heim" hat L. Blue, ein Rabbi aus London, die Feier anschaulich geschildert:

„Das Haus ist ein bewohnter Tempel geworden, und die Bewohner sind nicht mehr die gleichen, auch nicht ihre Beziehungen zueinander. Das Licht einer anderen Welt spielt um einige sehr weltliche Menschen – es verleiht ihnen Heiligenscheine, die sie sonst nicht hätten. Der Vater, der während der übrigen Woche vielleicht Schneider oder Reisender ist, offenbart eine andere Natur. Mit bedecktem Haupt und weißem Hemd, den Becher mit Wein zur Heiligung erhoben, ist er der Priester, der den Haushalt reinigt, dessen Aufgabe die Reinigung der Welt ist.

Die Sprache scheint exaltiert, aber sie ist doch genau. Immerhin ist er ein Mitglied von Gottes erwähltem Volk, „einem Königreich von Priestern und einer heiligen Nation". Das ist nicht einfach Größenwahnsinn oder religiöse Maskerade, sondern ziemlich exakte Theologie.
Am Freitagabend wendet sich diese priesterliche Gestalt zu einer gewöhnlichen Hausfrau in der Vorstadt und redet sie an. Er begrüßt sie mit Worten aus dem Buch der Sprüche. Sie sei, sagt er, eine wackere Frau und ihr Wert höher als Rubine. Die Ältesten preisen sie im Tor, wie es auch ihre guten Taten tun. Dieser erhabene Stil mag einem in die Familie eingeladenen Außenstehenden bizarr erscheinen. Er ist es nicht für die Juden, die daran gewöhnt sind, daß die Mickrigkeit ihres Lebens mit einer außerordentlichen Kraft verbunden ist, die das Geringe erhöht und das Mächtige erniedrigt. Aus einem ganz gewöhnlichen Pantoffelheld ist ein Patriarch geworden, ohne jede Befangenheit. Vor dem Mahl umfaßt er seine Kinder mit den Händen. Die Knaben werden gesegnet wie Ephraim und Manasse, die Mädchen wie Sarah, Rebekka, Rahel und Lea. Es wird eine Brücke geschlagen über die Zeiten in eine so entfernte Vergangenheit, daß die Historiker sie kaum erreichen können, aber die Juden können es im Gebet."

*L. Blue, Wie kommt ein Jude in den Himmel? München 1976, 47f.*

## Jesus als Heranwachsender

In der Liturgie der häuslichen Feier erlebt Jesus, noch bevor er alle Gebete verstehen, sprechen und mitvollziehen kann, was der Sabbat als Tag Gottes für sein Leben in der Familie bedeutet. Mit zunehmendem Alter erschließen sich die Texte weiter und in ihnen alle Dimensionen des Lebens, in die der Sabbat hineinreicht.
Im Segensgebet (Kiddusch) über den Wein vor dem Mahl ist sowohl der Dank an den Schöpfer als auch an den Befreier aus Ägypten enthalten.

> *Segensspruch (Kiddusch) über den Wein*
>
> Gepriesen seist du, Ewiger, unser Gott, König der Welt, der die Frucht des Weinstocks erschaffen. Gepriesen seist du, Ewiger, unser Gott, König der Welt, der uns geheiligt durch seine Gebote und an uns Wohlgefallen hat und seinen heiligen Sabbat in Liebe und Wohlgefallen uns zum Anteil gegeben hat als Gedenken des Schöpfungswerkes.
> Er ist der erste Tag der heiligen Feste,
> eine Erinnerung an den Auszug aus Ägypten.
> Denn uns hast du erwählt und uns geheiligt von allen Völkern und deinen heiligen Sabbat hast du uns in Liebe und Wohlgefallen zum Anteil gegeben. Gepriesen seist du, Ewiger, der den Sabbat heiligt.
>
> *Zit. nach G. Fohrer, Glaube und Leben im Judentum, UTB 885, Heidelberg 1979, 81.*

Beides, Schöpfung und Erlösung, hat für Jesus aktuelle Bezüge. Das *Schöpfungslied (Gen 1–2,4),* nach dem Gott in sechs Tagen die Welt erschaffen und am siebten Tag geruht hat, ist in der Zeit des babylonischen Exils gedichtet. Es preist Gott als den Herrn über die ganze Welt, also auch über Babylon, und verkündet als Ziel der Schöpfung den siebten Tag, den Sabbat, den Gott geheiligt hat; der ist Israel auch fern von Jerusalem und vom Tempel als Sinn und Ziel geblieben. Zur Zeit Jesu sind es statt der Babylonier die Römer, deren Fremdherrschaft im Gedenken an den Schöpfergott an jedem Sabbat geistig und lebenswirksam gebrochen wird.
Die Erinnerung an den *Auszug aus Ägypten* ist Begründung dafür, daß alle, der Knecht und die Magd, sogar das Vieh und auch der Fremdling in die Heiligung des Sabbat einbezogen sind. Weil Gott allein der Befreier ist, sind am Sabbat, am Tag seiner Herrschaft, alle Menschen gleich. Auch die Erde und was auf ihr lebt, kommt zu ihrem ihr von Gott zugedachten Recht. Alle Unterschiede zwischen Mann und Frau, zwischen Herren und Sklaven, zwischen Juden und Heiden sind relativiert. (Vgl. dazu die paulinische Interpretation in Gal 3,28.) Die verschiedenen religiösen Gruppen und Parteien zur Zeit Jesu sind davon genauso betroffen wie die Hierarchie von reich und arm, von mächtig und ohnmächtig, von gesund und krank.
Der Sabbat ist neben dem Tag des Schöpfers und des Erlösers auch der *Tag des Bundes* (vgl. Ex 31,16f). Der ganze Tag ist dafür Zeichen. Deshalb werden am Sabbat die Gebetsriemen (Tefillin), die sonst bei den täglichen Gebeten die Bundeszeichen sind, nicht angelegt. Die vielen Vorschriften, die Je-

sus wie andere fromme Juden am Sabbat einhält, beruhen auf diesem Charakter des Tages und sind daraus in der Geschichte gewachsen. Sie sind also, wie der ganze Tag, Zeichen der Nähe und Liebe Gottes. Am Sabbat hat Gott an Mose das Zehnwort vom Sinai übergeben und sich darin ihm geoffenbart.

Wie anders als mit Dank und Lob soll der Mensch darauf antworten:

Ex 24,12.15–18

12 Der Herr sprach zu Mose: Komm herauf zu mir auf den Berg, und bleib hier! Ich will dir die Steintafeln übergeben, die Weisung und die Gebote, die ich aufgeschrieben habe. Du sollst das
Volk darin unterweisen. 15 Dann stieg Mose auf den Berg, und die Wolke bedeckte den Berg.
16 Die Herrlichkeit des Herrn ließ sich auf den Sinai herab, und die Wolke bedeckte den Berg sechs Tage lang. Am siebten Tag rief der Herr
mitten aus der Wolke Mose herbei. 17 Die Erscheinung der Herrlichkeit des Herrn auf dem Gipfel des Berges zeigte sich vor den Augen der
Israeliten wie verzehrendes Feuer. 18 Mose ging mitten in die Wolke hinein und stieg auf den Berg hinauf. Vierzig Tage und vierzig Nächte blieb Mose auf dem Berg.

*Die Liebesgabe*

„Aus Deiner Liebe, Herr, unser Gott, mit der Du Dein Volk Israel geliebt hast, und aus Deinem Erbarmen, unser König, das Du Deinen Bundesgenossen erwiesen, hast Du uns, Herr, unser Gott, diesen großen und heiligen siebenten Tag in Liebe gegeben.“

*Zit. nach J. J. Petuchowski, Die Stimme vom Sinai, Freiburg 1981, 70.*

Der Sabbat ist für Jesus der von Gott geschenkte Tag der Ruhe und des Aufatmens, an dem der Mensch wieder Mensch werden kann. Nicht starres Befolgen von Geboten der Ruhe macht den Sabbat zum Tag des Menschen, sondern das Hören auf das Tun Gottes verschafft dem Menschen Atem und Leben. Der Sabbat ist der Tag der Ruhe für den Menschen, *weil für ihn darin das Wirken und Tun Gottes vernehmbar wird* und er darin Geborgenheit findet.
Am Sabbat werden vom Achtzehngebet nur die ersten und letzten drei Bitten gesprochen. In die Mitte zwischen diese beiden Teile kommt ein besonderer Sabbatabschnitt, so daß ein Siebengebet entsteht. In dem Sabbatabschnitt kommt der Charakter dieses Tages *als Tag der Ruhe und des Friedens* gut zum Ausdruck.

*Aus dem Siebengebet*

Du bist einzig
und dein Name einzig –
wer ist wie dein Volk Israel, das einige Volk auf Erden?
Große Herrlichkeit,
Krone des Heils –
einen Tag der Ruhe und Heiligkeit gabst du deinem Volk.

Abraham frohlockt,
Isaak jubelt,
Jakob und seine Kinder ruhen darin.

Ruhe der Liebe und Fülle,
Ruhe der Wahrheit und Wahrhaftigkeit,
Ruhe des Friedens, der Sorglosigkeit,
der Sicherheit
und des Vertrauens.

Vollkommene Ruhe, daran du Gefallen hast,
deine Kinder sehen und erkennen, daß ihre Ruhe von dir ist,
und um ihre Ruhe heiligen sie deinen Namen.

*Zit. nach G. Fohrer, Glaube und Leben im Judentum, UTB 885, Heidelberg 1979, 85.*

## Jesu öffentliches Auftreten

Im Vierten Wort vom Sinai erlebt Jesus die Gegenwart Gottes ganz diesseitig: als Schöpfer – auch die Römer sind Gottes Herrschaft untertan; als Erlöser – die sozialen Gegensätze sind aufgehoben in der gemeinsamen Abhängigkeit aller von Gott; als Bundespartner – Gott ist am Menschen interessiert, – er spricht zu ihm; darin wird der Mensch aus dem Einerlei des Alltags herausgehoben; er kann aufatmen und kommt zu sich. Alles was der Mensch von Gott erwartet und erbittet, ist im Sabbat zu erfahren, zu riechen, zu schmecken, zu sehen, zu hören, ja, in der Einhaltung der Gebote auch zu fühlen.
Jesu Einstellung zum Sabbat ist folglich *nicht „liberal“,* so, als ob ihm die Vorschriften nicht so wichtig wären. Seine Aufgabe ist im Gegenteil die Heiligung des Sabbat. Damit ist allerdings *auch eine kritische Aufgabe* verbunden, die in einer langen prophetischen Tradition gut begründet ist.

Jes 1,12–17

12 Wenn ihr kommt, um mein Angesicht zu schauen – wer hat von euch verlangt, daß ihr meine Vorhöfe zertrampelt?
13 Bringt mir nicht länger sinnlose Gaben, Rauchopfer, die mir ein Greuel sind.
Neumond und Sabbat und Festversammlung – Frevel und Feste – ertrage ich nicht.
14 Eure Neumondfeste und Feiertage sind mir in der Seele verhaßt,
sie sind mir zur Last geworden, ich bin es müde, sie zu ertragen.
15 Wenn ihr eure Hände ausbreitet, verhülle ich meine Augen vor euch.
Wenn ihr auch noch so viel betet, ich höre es nicht. Eure Hände sind voller Blut.
16 Wascht euch, reinigt euch! Laßt ab von eurem üblen Treiben! Hört auf, vor meinen Augen Böses zu tun!
17 Lernt, Gutes zu tun! Sorgt für das Recht! Helft den Unterdrückten! Verschafft den Waisen Recht, tretet ein für die Witwen!

Das mechanische Einhalten der Vorschriften reicht nicht: „Der Sabbat ist um des Menschen willen geschaffen worden und nicht der Mensch um des Sabbat willen“ (Mk 2,27). Mit diesem Wort greift Jesus eine wichtige rabbinische Auslegung auf; die schriftgelehrten Pharisäer wissen das; es wird auch keine negative Reaktion der Pharisäer auf dieses Wort hin berichtet.

*Der Sabbat ist für den Menschen da*

Woher wissen wir, daß die Lebensrettung das Sabbatgesetz außer Kraft setzt?
Rabbi Jossé der Galiläer sagt: Wenn es in Exodus 31,13 heißt: „Jedoch Meine Sabbate sollt ihr hüten", so bedeutet dieses „Jedoch", daß hier Unterschiede vorausgesetzt sind. Es gibt Sabbate, an denen du nach dem Gesetz die Ruhe verdrängst, und es gibt Sabbate, an denen du ruhst.
Rabbi Simeon ben Menassia sagt: Siehe, es heißt in Exodus 31,14: „Ihr sollt den Sabbat hüten, denn er ist heilig für euch." Euch ist der Sabbat gegeben worden, aber ihr seid nicht dem Sabbat ausgeliefert!
Rabbi Nathan sagt: Siehe, es heißt in Exodus 31,16 „Die Israeliten sollen den Sabbat hüten, daß sie den Sabbat in all ihren Geschlechtern halten." Das bedeutet, daß du, um dein Leben zu retten, den Sabbat entweihen mußt, damit derjenige, dessen Leben du rettest, noch viele Sabbate halten kann.

*Zit. nach J. J. Petuchowski, Die Stimme vom Sinai, Freiburg 1981, 77.*

Jesus ringt in seiner Botschaft um die Heiligung des Sabbat. Er hat ihn in seinem Verständnis nie gebrochen. Aber er lehnt gleichermaßen ein gesetzliches wie ein liberales Verhalten ab, weil in beiden Fällen der Sabbat als Werk und Aufgabe des Menschen gesehen wird. Jesus verkündet den Sabbat *als Geschenk Gottes.* Gott selbst spricht dem Menschen seine Gegenwart und Nähe im Vierten Wort vom Sinai zu. Der Sabbat ist nicht der Tag der strengen oder liberalen Gesetzeserfüllung durch den Menschen; er ist der Tag des „Aufatmens" für den Menschen, *weil er der Tag des Handelns Gottes ist.*
Erst in der praktischen Auslegung des Sabbat gerät Jesus in Gegensatz zu den Pharisäern. Er heilt am Sabbat einmal einen Menschen mit einer erstarrten Hand (Mk 3,1–6), ein anderes Mal eine Frau, die schon 18 Jahre verkrümmt war und sich nicht aufrichten konnte (Lk 13,10–13). Als der Synagogenvorsteher meint, zum Heilen seien sechs Tage in der Woche da, und noch anführen kann, daß es sich ja nicht um einen akuten Notfall handelt, widerspricht Jesus: Diese Frau mußte gerade am Sabbat geheilt werden, weil darin der Sieg der Herrschaft Gottes über die des Satan sichtbar wird. Im richtigen Hören auf das Vierte Wort vom Sinai muß Jesus am Sabbat heilen, auch wenn er dadurch Menschen provoziert.

Lk 13,10–16

10 Er lehrte aber in einer der Synagogen am Sabbat. 11 Und siehe, da war eine Frau, die achtzehn Jahre einen Krankheitsdämon hatte, und sie war verkrümmt und nicht imstande, sich ganz aufzurichten. 12 Als Jesus diese sah, rief er sie herbei und sprach zu ihr: Weib, du bist von deiner Krankheit erlöst! 13 Und er legte ihr die Hände auf, und sie wurde sofort gerade und pries Gott. 14 Der Vorsteher der Synagoge aber, unwillig darüber, daß Jesus am Sabbat heilte, begann und sagte zum Volke: Sechs Tage gibt's, an denen man arbeiten soll; an diesen nun kommet und lasset euch heilen und nicht am Sabbattag! 15 Da antwortete ihm der Herr und sprach: Ihr Heuchler, bindet nicht jeder von euch am Sabbat seinen Ochsen oder seinen Esel los und führt ihn zur Tränke? 16 Diese aber, eine Tochter Abrahams, die der Satan, siehe, achtzehn Jahre lang gebunden hielt, mußte sie am Sabbattag nicht von dieser Fessel befreit werden?

*In Gottes Sache handeln*

Raw Chisda und Raw Hamnuna sagten beide: Abrechnungen für religiöse Zwecke dürfen am Sabbat gemacht werden.
Rabbi Eleasar sagte:
Man darf am Sabbat Bestimmungen über die Almosenverteilung unter den Armen treffen.
Rabbi Jakob bar Ida sagte im Namen Rabbi Jochanans:
Menschenleben werden am Sabbat gerettet, und man befaßt sich am Sabbat mit der Rettung von Gemeinden, und man darf in die Synagogen gehen, um sich dort um Gemeindeangelegenheiten zu bemühen.
Rabbi Samuel bar Nachmani sagte sogar:
Man darf selbst in die Theater, Zirkusse und Basiliken am Sabbat gehen, wenn es sich darum handelt, die Gemeindeinteressen zu vertreten.
Ferner wurde in der Schule Menassehs gelehrt:
Man darf am Sabbat Anordnungen zur Verlobung junger Bräute treffen, und man darf für die religiöse und handwerkliche Erziehung der Kinder am Sabbat Verabredungen treffen.
In der Heiligen Schrift (Jes 58,13) ist nämlich nur davon die Rede, daß du am Sabbat nicht *deine* Geschäfte verrichtest und *deinen* Wegen nachgehst. In Gottes Sache zu handeln ist dagegen erlaubt.

*Zit. nach J. J. Petuchowski, Die Stimme vom Sinai, Freiburg 1981, 78f.*

## Vorschlag für die Gruppenarbeit

Jeder erzählt, wie seine Sonntagsgestaltung aussieht. Wertend soll er hinzufügen, was er davon als besonders gut erachtet, was er als unzureichend empfindet.
Im folgenden Gespräch werden Ideen zur Gestaltung des Sonntags und auch des Wochenendes gesammelt. Dabei soll die Situation der Teilnehmer miteinbezogen werden: Familie mit kleinen Kindern, mit größeren Kindern, Alleinstehende, Hausfrauen, ältere Menschen usw.

*Collage oder Plakat*

Unter dem Thema „Hinhören auf den Ruf Gottes – Weghören von anderen Mächten“ können die einzelnen Gruppen eine Collage herstellen oder ein Plakat ausfüllen, auf dem in der Waagrechten das Thema in zwei Spalten steht, in der Senkrechten die drei Hauptgesichtspunkte: Schöpfer, Erlöser, Bundesgott. Zu jedem dieser drei Gesichtspunkte werden dann Assoziationen aufgeschrieben zum „Hinhören“ und zum „Weghören“.

## Vorschlag für die Woche

Jeder nimmt sich vor, einen Sonntag in der nächsten Zeit bewußt als Tag des Herrn zu planen. Dazu gehört, daß er seine Gewohnheiten am Sonntag hinterfragt: welche Tätigkeiten schiebe ich gern auf den Sonntag, welche nicht? Dazu gehört die Einbeziehung derer, mit denen man zusammenlebt. Eine Familie mit Kindern könnte zum Beispiel gemeinsam überlegen und planen, wie je ein Sonntag für die Kinder, für die Mutter, für den Vater aussehen soll, ohne daß die Gemeinschaft und die Rücksicht auf die anderen verletzt wird.

# Das Fünfte Wort vom Sinai

**Ehre deinen Vater und deine Mutter,
damit du lange lebst in dem Land,
das der Herr, dein Gott, dir gibt.**

Exodus 20,12

Das Zehnwort vom Sinai ist *Entfaltung des Sch$^{e}$ma*, *des „Höre Israel!"* Zweimal heißt es im Sch$^{e}$ma: „Diese Worte, auf die ich dich heute verpflichte, sollen auf deinem Herzen geschrieben stehen. Du sollst sie deinen Söhnen wiederholen. Du sollst von ihnen reden, wenn du zu Hause sitzt und wenn du auf der Straße gehst, wenn du dich schlafen legst und wenn du aufstehst" (Dtn 6,6f; vgl. Dtn 11,18f). Das Fünfte Wort vom Sinai ist das Gegenstück dazu: Die Kinder sollen die Eltern ehren.

Dieses Wort wurde in Israel als soziale Verpflichtung den alten Eltern gegenüber interpretiert; im christlichen Bereich wird es gern zur Begründung der elterlichen Autorität gegenüber deren kleinen Kindern verwendet und von da aus zur Begründung des Gehorsamsanspruchs jeder Obrigkeit, sei es der Staat, seien es Lehrer, Erzieher, Erwachsene allgemein, sei es die Kirche und ihre Amtsträger.

Zunächst aber ist das Fünfte Wort vom Sinai, wie die anderen auch, Teil der *Selbstoffenbarung Gottes*. Gott schenkt sich dem Menschen ganz. Er will deshalb das Herz des Menschen erobern. Das wirkt sich so aus, daß Vater und Mutter Tag und Nacht davon erzählen. Und weil es Gott selbst ist, der sie

ausfüllt, deshalb wird dieses Wort auch von den Kindern gehört. Das Wort Gottes kommt an.
Das Fünfte Wort vom Sinai ist *die Verheißung, daß das Wort Gottes Leben bewirkt.* Es erzwingt den Austausch zwischen Eltern, die erzählen, und Kindern, die im Hören auf dieses Wort Vater und Mutter ehren. Die Verheißung gilt darüber hinaus dem ganzen irdischen Leben mit all seinen Bedürfnissen; faßbar ist es in der Gabe des Landes.
Daraus folgen drei Einsichten:

1. Das Fünfte Wort vom Sinai gilt als Zusage der lebendigen Nähe Gottes *Eltern und Kindern* in gleicher Weise. Gott will in ihr Herz schreiben.

2. Dieses Wort Gottes ist zugleich *Begründung* und *Grenze* für den Anspruch der Eltern, gehört zu werden, für den Anspruch der Kinder, erzählt zu bekommen. Im Erzählen der Eltern und im Hören der Kinder besteht das verheißene Leben, das Gottes Wort selbst schafft.

3. Die Lebensverheißung: „damit du lange lebst" gehört nicht nur zum Fünften Wort vom Sinai, obwohl sie nur hier ausdrücklich steht. Insofern es *um Gott selbst* geht, der erzählt und gehört wird, und nicht um menschliche Herrschaftsverhältnisse, gehört die Lebens- und Landzusage *zum ganzen Zehnwort,* das wiederum Interpretation des Schᵉma ist.

**Gebetsschule: Wir hören von dem Gott des**

Die Eltern sollen von Gott erzählen, die Kinder auf die Eltern hören. Beides kann eine Familie bis in ihren Alltag hinein prägen. Gott selbst und sein Wort erzwingen den lebendigen Austausch zwischen den Generationen. Die Familie ist gleichsam das Versuchsfeld, in dem jeder die sozialen Folgen eines intensiven Redens von Gott erfahren kann. Religion hat mit der Welt und dem Leben des Menschen zu tun, – das ist in der Familie unmittelbar einsichtig.

1. Am deutlichsten ist der Zusammenhang von Gott und Welt in der Familie mit Kleinkindern. Die Familie ist der *Raum für die ersten religiösen Erfahrungen der Kinder;* in der Familie kann das Reden von Gott nur im Zusammenhang mit Erfahrungen und Beispielen aus dem alltäglichen Leben geschehen; sonst verstehen die Kinder nichts.

2. Die Christen haben von den Juden eine hohe Einschätzung der Familie übernommen. Sie sind aber weniger in der Geschichte Israels verankert und haben deshalb weniger die Erzählkultur der Juden übernommen. In diesem Punkt gibt es bei den Christen einen Nachholbedarf. Die religiösen Erfahrungen in der Familie können durch *Erzählen und Vorlesen biblischer Geschichten* sprachlich gefaßt werden. Das gilt neben den Evangelien vor allem für die Vätergeschichten und die Geschichten des Auszugs und der Wüstenwanderung Israels. Im Erzählen dieser Geschichten wird die eigene Erfah-

**Lebens**

rung überhaupt erst für die Erinnerung greifbar und kann dann auch weitervermittelt werden. In den Erzählungen von den vergangenen Heilstaten Gottes wird erfahrbar, wer Gott für uns heute ist.

3. In vielen Familien, besonders, wenn die Kinder größer werden, herrscht eine zunehmende Sprachlosigkeit im Umgang untereinander. Man lebt weitgehend aneinander vorbei. Durch den gemeinsamen Gottesdienstbesuch, durch jedes Sprechen von Gott entstehen Inseln in diesem Meer des Schweigens, auf denen das Erzählen und das Zuhören wieder eingeübt werden können. *Wer von Gott erzählt, spricht unbeabsichtigt auch von sich.* Das Reden von Gott gelingt nicht getrennt vom eigenen Leben, weil Gott sich in die Geschichte der Menschen und in das Schicksal jedes einzelnen verwikkeln lassen wollte und verwickelt ist.

4. Gegen jedes falsche und verlogene Familienidyll, das den Schein einer heilen Welt in einem Getto vermittelt und in Wirklichkeit doch nur hohle Fassade darstellt, muß gesagt werden, daß die Familie nur das erste Experimentierfeld für die Vermittlung von Glauben an Gott und alltäglichem Leben ist. Damit das Experiment gelingt, muß die Abgrenzung der *Familie immer erneut zur Welt hin durchbrochen* werden. Das Experiment verliert seine Berechtigung, wenn es den Egoismus in einer heilen Scheinwelt auf der einen Seite, die Blindheit vor der Not und dem Unfrieden in der Welt auf der anderen Seite fördert.

## Erfahrungen im Leben Jesu

Jesu Religion ist eine „Väterreligion“. In den Geschichten der Väter Abraham, Isaak und Jakob, der Mütter Sara, Rebekka, Lea und Rahel, wird für ihn Gott erfahrbar. Das ist nicht ein jenseitiger, ferner Gott, sondern ein Gott zum „Anfassen“, der sich in das Leben der Väter und Mütter miteinbeziehen und verwickeln läßt. Das Fünfte Wort vom Sinai bedeutet für Jesus die sichere *Zusage,* daß es sich bei diesen Geschichten nicht nur um spannende, freudige und traurige Ereignisse der eigenen Vergangenheit handelt, sondern daß in ihnen *Gottes gegenwärtige Herrschaft* zu hören ist und daß diese Herrschaft Leben und Zukunft für ihn und sein Volk bedeutet.

## Jesus als Kind

Jesus lernt zuerst durch seine Eltern Gott kennen und lieben. Als Kleinkind spürt er, daß ihnen Gottes Wort wirklich ins Herz geschrieben ist. Sobald er sprechen kann, darf er beim jährlichen Passafest während des Seder (Passafeier) entsprechend der Vorschrift die Frage stellen, die mit der Verheißung des Fünften Wortes vom Sinai durch den Hausvater beantwortet wird.

Dtn 6,20–24

20 Wenn dich morgen dein Sohn fragt: Warum achtet ihr auf die Satzungen, die Gesetze und Rechtsvorschriften, auf die der Herr, unser Gott, euch verpflichtet hat? 21 dann sollst du deinem Sohn antworten: Wir waren Sklaven des Pharao in Ägypten, und der Herr hat uns mit starker Hand aus Ägypten geführt. 22 Der Herr hat vor unseren Augen gewaltige, unheilvolle Zeichen und Wunder an Ägypten, am Pharao und an seinem ganzen Haus getan, 23 uns aber hat er dort herausgeführt, um uns in das Land, das er unseren Vätern mit einem Schwur versprochen hatte, hineinzuführen und es uns zu geben. 24 Der Herr hat uns verpflichtet, alle diese Gesetze zu halten und den Herrn, unseren Gott, zu fürchten, *damit es uns das ganze Leben lang gut geht und er uns Leben schenkt, wie wir es heute haben.*

Früh und immer wieder hört er die Vätergeschichten von den eigenen Eltern, die entsprechend dem täglich zweimal gesprochenen Sch$^{e}$ma im Erzählen dieser Geschichten ihre wichtigste Aufgabe an den Kindern vor Gott sehen. So spannend diese Geschichten sind – im Erzählen der Eltern werden nicht nur Gottes vergangene Taten lebendig, sondern seine gegenwärtige Herrlichkeit (Kabōd) wird erfahrbar. (Das deutsche Wort „Ehre" für „Kabōd" trifft den Inhalt nur ungenau. Gemeint ist der Glanz, die Ausstrahlung, eben die Herrlichkeit Gottes, die sich dem Menschen mitteilt.) Diese Gegenwart Gottes wird greifbar, so daß die erzählenden Eltern Anteil an dieser ‚Kabōd' erhalten, vergleichbar dem Strahlen auf dem Gesicht des Mose, als er nach der Gottesbegegnung vom Berg herabstieg.

Ex 34,29 f

29 Als Mose vom Sinai herunterstieg, hatte er die beiden Tafeln der Bundesurkunde in der Hand. Während Mose vom Berg herunterstieg, wußte er nicht, daß die Haut seines Gesichtes Licht ausstrahlte, weil er mit dem Herrn geredet hatte. 30 Als Aaron und alle Israeliten Mose sahen, strahlte die Haut seines Gesichtes Licht aus, und sie fürchteten sich, in seine Nähe zu kommen.

In der Rede des Mose vor dem Einzug ins Land ist diese dauernde Erfahrung der Gegenwart Gottes „heute" zusammengefaßt.

Dtn 4,35–40

35 Das hast du sehen dürfen, damit du erkennst: Jahwe ist der Gott, kein anderer ist außer ihm. 36 Vom Himmel herab ließ er dich seinen Donner hören, um dich zu erziehen. Auf der Erde ließ er dich sein großes Feuer sehen, und mitten aus dem Feuer hast du seine Worte gehört. 37 Weil er deine Väter liebgewonnen hatte, hat er *alle Nachkommen eines jeden von ihnen erwählt* und dich dann in eigener Person durch seine große Kraft aus Ägypten geführt, 38 um bei deinem Angriff Völker zu vertreiben, die größer und mächtiger sind als du, um dich in ihr Land zu führen und es dir als Erbbesitz zu geben, wie es jetzt geschieht. 39 *Heute sollst du erkennen und dir zu Herzen nehmen:* Jahwe ist der Gott im Himmel droben und auf der Erde unten, keiner sonst. 40 Daher sollst du auf seine Gesetze und seine Gebote, auf die ich dich *heute* verpflichte, achten, damit es dir und später deinen Nachkommen gut geht und *du lange lebst in dem Land,* das der Herr, dein Gott, dir gibt für alle Zeit.

## Jesus als Heranwachsender

Mit der Religionsmündigkeit, also von seinem 13. Lebensjahr an, bleiben auch Jesus die Konflikte nicht erspart, die nach rabbinischer Überlieferung das Fünfte Wort vom Sinai zum schwierigsten überhaupt machen. Dabei handelt es sich nicht oder nicht zuerst um die üblichen Autoritäts- und Emanzipationskonflikte zwischen Eltern und Kinder, so, als ob das Fünfte Wort nur eine Weisung zum humanen Umgang der Kinder mit ihren Eltern und umgekehrt wäre.
Auch im Fünften Wort vom Sinai geht es um ein Wort der *Selbstoffenbarung Gottes,* also um ein *Bundeswort.* Seine besondere Schwierigkeit entsteht dadurch, daß Gott einerseits in den Geschichten der Väter, also in der Tradition und im Buchstaben, nahe ist. Die Eltern ehren heißt deshalb, diese Nähe Gottes hörend anzunehmen. Andererseits ist aber Gott in diesen Geschichten der Väter nicht greifbar und verfügbar. Im Gegenteil: Die Geschichten der Väter weisen selbst auf vielfältiges Versagen, auf Untreue und Kleinglauben hin. Der Geist ist durch den Buchstaben nicht garantiert.
Für Jesus, wie für jeden heranwachsenden Juden, zeigt sich diese Schwierigkeit in der Spannung, daß er die Gottesnähe von allen natürlichen und religiösen Autoritäten als legitime Erben des Glaubens der Väter empfängt, daß aber gerade diese Autoritäten sich oft gegen Gott wenden.
Jesus lernt in vielfältiger Form, wie wichtig das Fünfte Wort vom Sinai ist. Das *richtige Hören* auf die Geschichten der Väter und Mütter Israels ermöglicht erst die Erfahrung der Gottesnähe, seiner

Liebe und Fürsorge für die Menschen. Stellvertretend kommt im Verhalten zu den eigenen Eltern dieses ehrfurchtsvolle Eingehen auf die Tradition zum Ausdruck.

Die Formulierung in Ex 20,12 ist mit Lev 19,3 zusammen zu lesen, weil Vater und Mutter bei der Weitergabe der Religion den gleichen Rang haben. In Lev 19,3 wird die Mutter zuerst genannt.

Ex 20,12
Ehre *deinen Vater und deine Mutter,* damit du lange lebst in dem Land, das der Herr, dein Gott, dir gibt.

Lev 19,3
Jeder von euch soll *Mutter und Vater* fürchten und auf meine Sabbate achten; ich bin der Herr, euer Gott.

Viele Strafbestimmungen in der Bibel unterstreichen die Bedeutung des Fünften Wortes vom Sinai:

Ex 21,15
Wer seinen Vater oder seine Mutter schlägt, wird mit dem Tod bestraft.

Ex 21,17
Wer seinen Vater oder seine Mutter verflucht, wird mit dem Tod bestraft.

Lev 20,9
Jeder, der seinen Vater oder seine Mutter verflucht, wird mit dem Tod bestraft. Da er seinen Vater oder seine Mutter verflucht, soll sein Blut auf ihn kommen.

Dtn 27,16
Verflucht, wer Vater oder Mutter schmäht. Und das ganze Volk soll rufen: Amen.

In der Weisheitsliteratur wird das 5. Wort vom Sinai z. T. mit Wendungen aus dem Sch$^{e}$ma übersetzt:

Spr 1,8
Höre, mein Sohn, auf die Mahnung des Vaters, und die Lehre deiner Mutter verwirf nicht!

Spr 6,20–23
20 Achte, mein Sohn, auf das Gebot deines Vaters, mißachte nicht die Lehre deiner Mutter!
21 Binde sie dir für immer aufs Herz, und winde sie dir um den Hals.
22 Wenn du gehst, geleitet sie dich, wenn du ruhst, behütet sie dich, beim Erwachen redet sie mit dir.
23 Denn eine Leuchte ist das Gebot und die Lehre ein Licht, ein Weg zum Leben sind Mahnung und Zucht.

Spr 23,22
Hör auf deinen Vater, der dich gezeugt hat, verachte deine Mutter nicht, wenn sie alt wird.

Sir 3,1–8

1 Hört, ihr Söhne, was das Recht des Vaters ist
und handelt danach, damit es euch gut geht.
2 Denn der Herr hat den Kindern befohlen, ihren Vater zu ehren, und die Söhne verpflichtet,
das Recht ihrer Mutter zu achten.
3 Wer den Vater ehrt, erlangt Verzeihung der
Sünden,
4 und wer seine Mutter achtet, gleicht einem
Menschen, der Schätze sammelt.
5 Wer den Vater ehrt, wird Freude haben an den
eigenen Kindern, und wenn er betet, wird er Erhörung finden.
6 Wer den Vater achtet, wird lange leben, und
wer seiner Mutter Ehre erweist, der erweist sie
dem Herrn.
7 Wer den Herrn fürchtet, ehrt seinen Vater und
dient seinen Eltern wie Vorgesetzten.
8 Mein Sohn, ehre deinen Vater in Wort und Tat,
damit aller Segen über dich kommt.

Jesus lernt aber auch die Verfehlungen der Väter kennen. Das gilt nicht nur von Abraham, Isaak und Jakob, sondern ebenso von den religiösen Autoritäten seiner Zeit.
Die *Sadduzäer,* die religiöse Führungsschicht in Jerusalem, aus der auch alle Hohenpriester stammen, halten den Buchstaben der Tora fest und lehnen jede Interpretation der Tora ab. Sie haben deshalb viele Propheten umgebracht, jedenfalls nicht auf sie gehört.

Mt 23,37

Jerusalem, Jerusalem, du tötest die Propheten und steinigst die Boten, die zu dir gesandt sind. Wie oft wollte ich deine Kinder um mich sammeln, so wie eine Henne ihre Küken unter ihre Flügel nimmt; aber ihr habt nicht gewollt.

In der Auferstehungsfrage kommt es später zum typischen Konflikt der Sadduzäer mit Jesus. Sie haben den Buchstaben für sich, weil in der Tora nichts von der Auferstehung steht, den Geist Gottes aber gegen sich.

Mt 22,31f

31 Habt ihr im übrigen nicht gelesen, was Gott
euch über die Auferstehung der Toten mit den
Worten gesagt hat: 32 Ich bin der Gott Abra-
hams, der Gott Isaaks und der Gott Jakobs? Er
ist doch nicht der Gott der Toten, sondern der
Gott der Lebenden.

Die *Pharisäer* sind in Opposition zum religiösen und politischen Machtmißbrauch der Sadduzäer in Jerusalem entstanden, ungefähr 120–150 Jahre vorher. Inzwischen ist dieser Geist des Anfangs weit vergessen. Auch sie haben nicht selten den Buchstaben der Überlieferung an die Stelle des lebendigen Gottes gesetzt. Jesus wirft ihnen vor, daß sie zu Heuchlern geworden sind.

Mt 23,29–32

[29] Weh euch, ihr Schriftgelehrten und Pharisäer,
ihr Heuchler! Ihr errichtet den Propheten Grab-
stätten und schmückt die Denkmäler der Ge-
rechten [30] und sagt dabei: Wenn wir in den Ta-
gen unserer Väter gelebt hätten, wären wir nicht
wie sie am Tod der Propheten schuldig gewor-
den. [31] Damit bestätigt ihr selbst, daß ihr die
Söhne der Prophetenmörder seid. [32] Macht nur
das Maß eurer Väter voll!

Die Geschichte vom zwölfjährigen Jesus schildert als Familiengeschichte anschaulich den Konflikt: Einerseits ist Gott nahe in den Geschichten der Väter und deshalb sind die Eltern zu ehren. Andererseits ist Gott in der Tradition unverfügbar und deshalb kann es zur Konkurrenzsituation kommen, in der es heißt: „Man muß Gott mehr gehorchen als den Menschen“ (Apg 5,29).

Lk 2,41–52

[41] Die Eltern Jesu gingen jedes Jahr zum Pascha-
fest nach Jerusalem. [42] Als er zwölf Jahre alt ge-
worden war, zogen sie wieder hinauf, wie es
dem Festbrauch entsprach. [43] Nachdem die
Festtage zu Ende waren, machten sie sich auf
den Heimweg. Der junge Jesus aber blieb in Je-
rusalem, ohne daß seine Eltern es merkten.
[44] Sie meinten, er sei irgendwo in der Pilger-
gruppe, und reisten eine Tagesstrecke weit;
dann suchten sie ihn bei den Verwandten und
Bekannten. [45] Als sie ihn nicht fanden, kehrten
sie nach Jerusalem zurück und suchten ihn dort.
[46] Nach drei Tagen fanden sie ihn im Tempel; er
saß mitten unter den Lehrern, hörte ihnen zu
und stellte Fragen. [47] Alle, die ihn hörten, waren
erstaunt über sein Verständnis und über seine
Antworten. [48] Als seine Eltern ihn sahen, waren
sie sehr betroffen, und seine Mutter sagte zu
ihm: Kind, wie konntest du uns das antun?
Dein Vater und ich haben dich voll Angst ge-
sucht. [49] Da sagte er zu ihnen: Warum habt ihr
mich gesucht? Wußtet ihr nicht, daß ich in dem
sein muß, was meinem Vater gehört? [50] Doch sie
verstanden nicht, was er damit sagen wollte.
[51] Dann kehrte er mit ihnen nach Nazaret zu-
rück und war ihnen gehorsam. Seine Mutter be-
wahrte alles, was geschehen war, in ihrem Her-
zen. [52] Jesus aber wuchs heran, und seine Weis-
heit nahm zu, und er fand Gefallen bei Gott und
den Menschen.

## Jesu öffentliches Auftreten

Jesu Reden und Tun spiegelt die besonderen Schwierigkeiten des Fünften Worts vom Sinai wider: Gott ist in den Erzählungen von den Vätern und Müttern Israels nahe und er bleibt doch gegenüber jeder menschlichen Bemühung unverfügbar.

Die folgende Geschichte will erklären, warum das Hören auf das Fünfte Wort vom Sinai zu paradoxen Antworten führen kann:

*Er ließ den Vater arbeiten und kam ins Paradies*

Einer gab seinem Vater fettes Geflügel zu essen, und er kam dennoch in die Hölle. Ein anderer spannte seinen Vater an die Mühle an, und er erwarb sich trotzdem das Paradies.
Wie hatte es sich im ersten Fall zugetragen?
Ein Mann ernährte seinen Vater mit fettem Geflügel. Als der Vater ihn einmal fragte, wie er sich denn das teure Geflügel leisten könnte, wies ihn der Sohn ab: „Du, Alter, friß und kau – so wie die Hunde fressen und kauen!"
So hatte der Mann zwar seinen Vater mit fettem Geflügel ernährt; er kam aber dennoch in die Hölle.
Im zweiten Fall ging es folgendermaßen vor sich:

Ein Mann war damit beschäftigt, in der Mühle zu mahlen. Da kamen die Häscher, um den Vater zur Zwangsarbeit für die Regierung zu holen. Der Sohn aber sprach zum Vater: „Vater, mahle für mich. Wenn es nämlich bei der Zwangsarbeit zu Beschämungen kommt, sollen sie lieber mir als dir geschehen. Wenn es zu Schlägen kommt, sollen sie lieber mich als dich treffen."
So geschah es, daß er zwar seinen alten Vater an die Mühle anspannte, sich aber trotzdem das Paradies erwarb.

*Zit. nach J. J. Petuchowski, Die Stimme vom Sinai, Freiburg 1981, 90f.*

Drei Beispiele aus dem öffentlichen Auftreten Jesu belegen die gleiche Spannung:

1. Jesus unterwirft sich wie jeder andere der elterlichen Autorität und paßt sich den sozialen Vorgegebenheiten an. Sein Verhalten in dieser Frage war offensichtlich unauffällig und kann deshalb jetzt in Nazaret gegen seine „neue Lehre mit Macht" (Mk 1,22) als Argument verwendet werden: Er ist doch nichts Besonderes! Warum sollen wir glauben?

Mk 6,1–4

[1] Von dort brach Jesus auf und kam in seine Heimatstadt; seine Jünger begleiteten ihn. [2] Am Sabbat lehrte er in der Synagoge. Und die vielen Menschen, die ihm zuhörten, staunten und sagten: Woher hat er das alles? Was ist das für eine Weisheit, die ihm gegeben ist! Und was sind das für Wunder, die durch ihn geschehen! [3] Ist das nicht der Zimmermann, der Sohn der Maria und der Bruder von Jakobus, Joses, Judas und Simon? Leben nicht seine Schwestern hier unter uns? Und sie nahmen Anstoß an ihm und lehnten ihn ab. [4] Da sagte Jesus zu ihnen: Nirgends hat ein Prophet so wenig Ansehen wie in seiner Heimat, bei seinen Verwandten und in seiner Familie.

Als seine Verwandten und nächsten Angehörigen ihn wegen seiner Lehre für verrückt erklären und sich seiner bemächtigen wollen, müssen sie einschließlich seiner Mutter eine scharfe Zurückweisung hinnehmen.

Mk 3,31–35

[31] Da kamen seine Mutter und seine Brüder; sie blieben vor dem Haus stehen und ließen ihn herausrufen. [32] Es saßen viele Leute um ihn herum, und man sagte zu ihm: Deine Mutter und deine Brüder stehen draußen und fragen nach dir. [33] Er erwiderte: Wer ist meine Mutter, und wer sind meine Brüder? [34] Und er blickte auf die Menschen, die im Kreis um ihn saßen, und sagte: Das hier sind meine Mutter und meine Brüder. [35] Wer den Willen Gottes erfüllt, der ist für mich Bruder und Schwester und Mutter.

2. Jesus kritisiert in aller Schärfe die Schriftgelehrten, die lehren, daß man das Fünfte Wort vom Sinai mit einer Geldspende umgehen könne: Geld soll das Hören auf Gottes Wort ersetzen und ablösen.

Mk 7,9–13

[9] Und weiter sagte Jesus: Sehr geschickt setzt ihr Gottes Gebot außer Kraft und haltet euch an eure eigene Überlieferung. [10] Mose hat zum Beispiel gesagt: Ehre deinen Vater und deine Mutter!, und: Wer Vater oder Mutter verflucht, soll mit dem Tod bestraft werden. [11] Ihr aber lehrt: Es ist erlaubt, daß einer zu seinem Vater oder seiner Mutter sagt: Was ich dir schulde, ist Korbán, das heißt: eine Opfergabe. [12] Damit hindert ihr ihn daran, noch etwas für Vater oder Mutter zu tun. [13] So setzt ihr durch eure eigene Überlieferung Gottes Wort außer Kraft. Und ähnlich handelt ihr in vielen Fällen.

Im Gegensatz dazu stellt er sein Wort über die natürlichen und religiösen Autoritäten. Wenn es um seine Nachfolge geht, wird von Jesus sogar eine der wichtigsten Pflichten der Pietät, den eigenen Vater zu begraben, abgelehnt.

Mt 23,8–10

[8] Ihr aber sollt euch nicht Rabbi nennen lassen; denn nur einer ist euer Meister, ihr alle aber seid Brüder. [9] Auch sollt ihr niemand auf Erden euren Vater nennen; denn nur einer ist euer Vater, der im Himmel. [10] Auch sollt ihr euch nicht Lehrer nennen lassen; denn nur einer ist euer Lehrer, Christus.

Mt 8,21 f

[21] Ein anderer aber, einer seiner Jünger, sagte zu ihm: Herr, laß mich zuerst heimgehen und meinen Vater begraben! [22] Jesus erwiderte: Folge mir nach; laß die Toten ihre Toten begraben!

3. Jesus erkennt schon vor seinem öffentlichen Auftreten, daß Sadduzäer und Pharisäer seinem Verstehen des Fünften Wortes vom Sinai nicht genügen, sondern dieses Wort für ihre Zwecke mißbrauchen. Er geht deshalb zu keiner dieser Gruppen, sondern zu dem Außenseiter Johannes dem Täufer, der für die jüdischen Gruppen eine Konkurrenz darstellt und dem sie nicht glauben (Mt 21,32). Ihn kann Jesus als Prophet wirklich anerkennen (Mt 11,9 f). Die Anfangsentscheidung Jesu für Johannes beeinflußt sein weiteres Schicksal. Wie bei Johannes wird auch bei Jesus die Verkündigung der Gottesherrschaft zur Gerichtsrede. Das Fünfte Wort vom Sinai kann als Heilswort zum Gerichtswort werden, weil an ihm offenbar wird, daß menschliche Beziehungen oft nur scheinbar intakt sind. In Wirklichkeit verbirgt die äußere Fassade innere Zwietracht und Zerrissenheit, die durch Gottes Wort aufgedeckt werden. Der Prophet Micha hat das schon dem Volk Israel vorgehalten.

Micha 7,6

Denn der Sohn verachtet den Vater, die Tochter stellt sich gegen die Mutter, die Schwiegertochter gegen die Schwiegermutter; jeder hat die eigenen Hausgenossen zum Feind.

Mt 10,34–39

[34] Denkt nicht, ich sei gekommen, um Frieden auf die Erde zu bringen. Ich bin nicht gekommen, um Frieden zu bringen, sondern das Schwert. [35] Denn ich bin gekommen, um den Sohn mit seinem Vater zu entzweien und die Tochter mit ihrer Mutter und die Schwiegertochter mit ihrer Schwiegermutter; [36] und die Hausgenossen eines Menschen werden seine Feinde sein.

[37] Wer Vater oder Mutter mehr liebt als mich, ist meiner nicht würdig. [38] Und wer nicht sein Kreuz auf sich nimmt und mir nachfolgt, ist meiner nicht würdig. [39] Wer das Leben gewinnen will, wird es verlieren; wer aber das Leben um meinetwillen verliert, wird es gewinnen.

Natürlich muß ein solches Wort den Haß und die Feindschaft der Menschen provozieren. Da Gottes Wort nicht vernichtendes Gericht sein will, sondern *Gericht zur Gnade,* muß Jesus in seinem eigenen Weg die Zwietracht der Menschen bis in seinen Tod erleiden und dadurch den Menschen die versöhnende und heilschaffende Wirklichkeit des Fünften Wortes vom Sinai eröffnen.

Jesus geht entschlossen seinen Weg nach Jerusalem. Er erklärt den inzwischen ermordeten Johannes den Täufer zu Elija und diesen zu seinem Vorläufer (Mt 17,10–13), so daß von ihm gilt, was der Prophet Maleachi über Elija verkündet hat. Jesus selbst wird mit seinem freiwilligen Tod im Gehorsam Gott gegenüber die Aufgabe des Elija und damit die Wiedereinsetzung des Fünften Wortes vom Sinai vollenden.

Mt 17,10–13

[10] Da fragten ihn die Jünger: Warum sagen denn die Schriftgelehrten, zuerst müsse Elija kommen? [11] Er gab zur Antwort: Ja, Elija kommt, und er wird alles wiederherstellen. [12] Ich sage euch aber: Elija ist schon gekommen, doch sie haben ihn nicht erkannt, sondern mit ihm gemacht, was sie wollten. Ebenso wird auch der Menschensohn durch sie leiden müssen. [13] Da verstanden die Jünger, daß er von Johannes dem Täufer sprach.

Mal 3,23 f

[23] Bevor aber der Tag des Herrn kommt, der große und furchtbare Tag, seht, da sende ich zu euch den Propheten Elija. [24] Er wird das Herz der Väter wieder den Söhnen zuwenden und das Herz der Söhne ihren Vätern, damit ich nicht kommen und das Land dem Untergang weihen muß.

Das Gebet Jesu in Getsemani verrät die ungeheure Spannung in seinem Leben, die er im gehorsamen Annehmen seines Weges aushalten muß.

*In Getsemani*
Mk 14,36

Er sprach: Abba, Vater, alles ist dir möglich. Nimm diesen Kelch von mir. Aber nicht, was ich will, sondern was du willst (soll geschehen).

## Vorschlag für die Gruppenarbeit

*Die eigene Kindheit*

In drei Phasen überlegen die Teilnehmer, wie sie in der eigenen Kindheit von dem Gott des Lebens erfahren haben.

1. Phase: Jeder überlegt eine Szene aus der religiösen Erziehung seiner Kindheit, die für seine Gottesbeziehung besonders wichtig wurde.
2. Phase: Diese Szene wird den anderen in der Gruppe erzählt und kommentiert.
3. Phase: Im folgenden Gespräch werden die positiven und negativen Assoziationen aus der eigenen Kindheit, die bei den Schilderungen der anderen Teilnehmer noch eingefallen sind, erzählt. Man kann auch gemeinsam überlegen, wie jetzige Einstellungen von solchen Erfahrungen geprägt sind.

*Bibelassoziation*

Die Teilnehmer in der Gruppe sammeln auf einem Plakat alle Geschichten aus der Bibel, die ihnen zum Verhältnis Eltern – Kinder einfallen. Im Gespräch kann man die Geschichten noch genauer erinnern, ordnen und zu werten versuchen. Dann sucht jeder für sich oder, wenn es die Situation in der Gruppe zuläßt, alle gemeinsam füreinander eine Geschichte aus, die zu den einzelnen paßt.

*Gottesdienstgestaltung*

Die Teilnehmer überlegen, wie sie die Erfahrung, daß Gott Leben bedeutet, an andere weitergeben können. Eine Möglichkeit ist die Gestaltung eines Kinder- oder Familiengottesdienstes in der Gemeinde.

## Vorschlag für die Woche

*Vorsatz*

Die Teilnehmer versuchen in dieser Woche Gottes Lebensangebot in ihrem Lebensbereich an einem Punkt ausdrücklich zu bezeugen. Das gilt für Eltern den Kindern gegenüber, aber auch für Kinder den Eltern gegenüber. Beispiele sind: Erzählen von biblischen Geschichten; erzählen aus der eigenen religiösen Erfahrung; sich Zeit nehmen; ein Gespräch über die eigene Kinderzeit und die religiösen Erfahrungen dabei anbahnen; die Erfahrungen und Erlebnisse der Älteren erfragen.

*Biblische Geschichten lesen*

Jeden Tag soll eine Geschichte aus dem Alten Testament gelesen und erinnert werden. Dafür kommen neben den Väter- und Mosegeschichten auch weniger bekannte Geschichten einzelner Gestalten in Frage: Jona, Ester, Rut, Elija, Natan, Daniel.

# Das 6., 7. und 8. Wort vom Sinai

Nach der jüdischen Zählung beginnt erst mit dem Sechsten Wort die zweite Tafel des Zehnworts. Die beiden Tafeln enthalten demnach je fünf Worte. Man sollte aber die bekannte Aufteilung in Gottes- und Nächstenliebe nicht überbetonen. *Alle Zehn Worte* sind zunächst Offenbarung der Liebe und Nähe Gottes für den Menschen. Das richtige Hören auf diese Worte Gottes ist schon Gottesliebe und zugleich bedeutet dieses Hören lebendige Nächstenliebe. Das gilt von der ersten Tafel nicht anders als von der zweiten.

Die zweite Tafel handelt vom bundesgerechten Sozialverhalten, das als Nächstenliebe zusammengefaßt werden kann. In jüdischen Bibelausgaben werden das Sechste, Siebte, Achte und Neunte Wort vom Sinai in einem Vers (Ex 20,13) gezählt, wohl um die innere Zusammengehörigkeit auszudrücken. Die ersten drei davon bilden nochmals eine besondere Gruppe. Es sind die kürzesten Worte im Dekalog, sie sind negativ und als einzige objektlos formuliert. Sie beziehen sich auf das Tun der Nächstenliebe, während das Neunte Wort vom Sinai auf das Reden in Liebe ausgerichtet ist.

In diesen drei Worten des Tuns erhält der Mensch von Gott das Angebot, *friedlich, gerecht* und *gemeinschaftlich* in dieser Welt zu leben. Das rechte Handeln erscheint auch hier nicht als Forderung und Leistung des Menschen, sondern als Ausdruck und Ergebnis des Bundes, der als *das* Zeichen Gottes Leben für den Menschen eröffnet.

**6. Du wirst nicht morden.** Exodus 20,13
**7. Du wirst nicht ehebrechen.** Exodus 20,14
**8. Du wirst nicht stehlen.** Exodus 20,15

## Gebetsschule: Wir hören auf den Gott des Friedens

Mord, Ehebruch, Menschenraub sind keine alltäglichen Delikte. Das gilt für die Teilnehmer der Katechese wie auch für die Zuhörer Jesu. Leben ist mehr als nur die Abwesenheit von leiblicher oder seelischer Bedrohung durch andere, wie auch Frieden zwischen den Völkern mehr ist als nur die Abwesenheit von Krieg. Zutreffend spricht man für einen solchen Zustand vom „Kalten Krieg". Er ist dem Krieg immer noch näher als dem Frieden.
Wenn die Menschen zu Jesus kommen und ihm nachfolgen, dann suchen sie mehr als diesen Zustand; sie suchen Leben und Frieden im persönlichen Miteinander wie im gemeinschaftlichen Miteinander der Völker. Sie spüren, daß zum Frieden etwas gehört, über das der Mensch nicht einfach verfügen kann, das er selbst nicht besitzt. Sie erwarten sich den Frieden von Gott und sie wollen ihn als Geschenk Gottes weitergeben.
Nächstenliebe ist deshalb die Folge des Bundes, in dem Gott den Menschen Leben und Frieden schenkt.

1. Nächstenliebe ist im persönlichen, im gesellschaftlichen und im zwischenstaatlichen Bereich geprägt von der *schöpferischen Kraft des Glaubens.* Dieser Glaube verzweifelt weder an der eigenen Unfähigkeit zum Frieden noch an der scheinbar unabänderlichen Wirklichkeit des Hasses. Liebe ist erfinderisch und phantasievoll; sie übersteigt die erfahrbare Todeswirklichkeit, weil sie das eigene Leben und das Leben des anderen in Gottes Lebens- und Herrschaftszusage geborgen weiß.

2. Nächstenliebe ist getragen von der *heilenden Kraft der Gemeinschaft* des Glaubens. Diese Gemeinschaft ist selbst ein Lebensraum, in dem Leben und Frieden erfahrbar werden. Mit Berufung auf Gott als die tragende Mitte dieser Gemeinschaft werden alle Formen der Unterdrückung in ihr kritisierbar. Dem Anderen gebührt Leben, ohne daß er zuerst gleichgeschaltet werden muß: als Kind dem Erwachsenen, als Kranker dem Gesunden, als Ausländer den eigenen Landsleuten.

3. Nächstenliebe führt zur *befreienden Tat der Hoffnung,* die Zukunft und Frieden eröffnet. Frieden als Geschenk Gottes erlaubt keinen Stillstand. Das gilt von den eigenen für unaufgebbar gehaltenen Positionen, die oft nur Angst und Unsicherheit verraten. Das gilt auch von der Festlegung des anderen auf seine eigene Gegenwart, so, als ob er sich nicht mehr ändern könnte. Feindbilder lassen dem anderen keine Chance. Nächstenliebe verlangt im Gegenteil dazu Mut und Zuversicht, Energie und

Tatkraft, Selbstlosigkeit und Hilfsbereitschaft. Im Hören auf den Gott des Friedens werden wir selbst zu Friedensstiftern.

Eine Geschichte (zit. nach D. Berrigan, Leben ohne Repression. 1972, 69 f) veranschaulicht das Problem: Letztes Jahr fand in Mexiko ein Treffen statt, bei dem etwa zwanzig Personen aus verschiedenen Friedensgruppen in Nordamerika zugegen waren. Es wurde die Frage aufgeworfen: „Was ist ein friedliebender Mensch?" Es folgte eine erregte Diskussion, bei der einer der Teilnehmer schwieg. Schließlich drängte man ihn, seine Gedanken zu äußern, und er sagte schlicht: „Ich denke, daß in diesem Raum genug verborgene Aggression vorhanden ist, um damit einen Krieg zu beginnen."
Ein langes, betroffenes Schweigen folgte. Konnte es sein, dachte jedermann, daß in seinem Herzen, das er für friedliebend hielt, unbewußt der Wille zum Mord verborgen war? Der Gedanke war verwirrend und unheimlich.
Das Schweigen wurde durch eine Frage gebrochen, die an den schweigsamen Mann gerichtet war: „Wenn das wirklich wahr ist, was muß dann geschehen, um den Krieg zu beendigen?"
Er antwortete in seiner direkten und schlichten Art: „Wissen Sie, ich denke, es müßte jemand sterben."

## Erfahrungen im Leben Jesu

Für Jesus geht es in diesen drei Worten vom Sinai um das Begreifen der *Nächstenliebe* als Geschenk des Bundes. Mit Recht sind zur Zeit Jesu die eher den persönlichen und privaten Raum menschlicher Beziehungen meinenden Begriffe vom Morden (Sechstes Wort), vom Ehebrechen (Siebtes Wort) und vom Menschendiebstahl (Achtes Wort) längst ausgeweitet auf alle Bereiche des menschlichen Zusammenlebens.

### Jesus als Kind

Auf den ersten Eindruck hin können das Sechste, Siebte und Achte Wort vom Sinai ein Kind kaum betreffen. Aber dieser Eindruck täuscht.
In den Geschichten der Väter erschließt sich auch für ein Kind ein Verstehenshorizont dafür. Sie sind der Hintergrund für viele Gebete, in denen von der Weisung Gottes und vom Leben des Menschen daraus die Rede ist. Jesus hat schon als Kind die Psalmen mitgebetet. Der Anfang des ersten Psalms wird für ihn später auch der Anfang seiner Bergpredigt.

*Aus dem ersten Psalm*
Ps 1,1–6

1 Selig der Mann, der nicht dem Rat der Frevler folgt, nicht auf dem Weg der Sünder geht, nicht im Kreis der Spötter sitzt,
2 sondern Freude hat an der Weisung des Herrn, über seine Weisung nachsinnt bei Tag und bei Nacht.
3 Er ist wie ein Baum, der an Wasserbächen gepflanzt ist, der zur rechten Zeit seine Frucht bringt und dessen Blätter nicht welken. Alles, was er tut, wird ihm gut gelingen.
4 Nicht so die Frevler: Sie sind wie Spreu, die der Wind verweht.
5 Darum werden die Frevler im Gericht nicht bestehen noch die Sünder in der Gemeinde der Gerechten.
6 Denn der Herr kennt den Weg der Gerechten, der Weg der Frevler aber führt in den Abgrund.

Zu den drei Worten: du wirst nicht morden, nicht ehebrechen und nicht stehlen, hört Jesus schon als Kind die hell-dunklen Geschichten aus der Bibel, in denen dem Versagen des Menschen Gottes bleibendes Bundesangebot gegenübersteht.

1. Die erste Mordgeschichte in der Bibel erzählt von *Kain und Abel*. Das Opfer Abels ist Gott wohlgefällig, das des Kain nicht. Kain kann das nicht vertragen. Er wird zum Mörder. Die Bibel nennt als Grund nicht, daß der Mensch von sich aus der Sünde verfällt, sondern umgekehrt, daß die Sünde wie ein Dämon vor der Tür lauert und es auf den Menschen abgesehen hat. Kain kann dem Bösen nicht widerstehen, weil er nicht mehr zu Gott aufschaut (Gen 4,7). Kain, der Brudermörder, wird von Gott mit einem Zeichen versehen, damit ihn keiner erschlagen und er weiter Leben haben sollte. (Gen 4,1–6)

2. Die erste Ehegeschichte der Bibel erzählt von *Adam und Eva*. Sie werden von der Schlange dazu gebracht, den Bund mit Gott zu brechen. Sie essen die verbotene Frucht. Das führt zur Vertreibung aus dem Paradies. Der Grund der Sünde und Untreue ist das Verlangen des Menschen, zu sein wie Gott. Trotzdem läßt Gott Adam und Eva nicht fallen. Er sorgt für sie. (Gen 3,1–24)

3. Die eindringlichste Geschichte in der Bibel von einem Menschenhandel ist die *Josefsgeschichte*. Josef wird von seinen eigenen Brüdern an Fremde verkauft, nachdem sie ihn zuvor sogar umbringen wollten. (Gen 37,18–28). Sein Leben ist nichts mehr wert. Und dennoch läßt Gott ihn in Ägypten groß werden und später seinen Brüdern und seinem Vater helfen. „Gott hat alles zum Guten gewendet.“ (Gen 50,20f)
Gerade an Josef lernt auch ein Kind schon die ganze Tragweite der Lebens- und Bundeszusage Gottes im Achten Wort vom Sinai kennen.

Josef, das ist ein Fest für die Phantasie. Es gab noch nicht einmal ein jüdisches Volk, und da gab es schon einen jüdischen Prinzen, einen jüdischen Vizekönig. Wie sollte man da nicht in Applaus ausbrechen, ihn nicht feiern? Man liebt ihn, weil seine Geschichte illustriert, daß für Israel das Unmögliche möglich ist, und daß ein jüdisches Kind sich in ihm und durch ihn stärker erweist als seine Feinde, stärker sogar als seine Versuchungen; in ihm lebt und wächst ein jüdisches Kind heran, ohne sich oder seine Kindheit zu verraten. Man liebt ihn mehr und mit mehr Unbefangenheit und Freude als die anderen Gestalten der Bibel. Man achtet und bewundert Abraham, man bedauert Isaak, man kann Jakob folgen, aber Josef liebt man: Für ihn begeistert sich jedes jüdische Kind.
In der Vorstellung des Midrasch ist er so etwas wie ein Star. Schon sein bloßer Name läßt die Engel zittern. Ihm ist das Wunder des Durchzugs durch das Rote Meer zu verdanken. Aber, so sagt ein alter Weiser, auch alle Leiden, die Israel erdulden wird, haben ihre Wurzel in denen, die Josef von seinen Brüdern auferlegt wurden. Für den Sohar gehört sein Geheimnis zum Geheimnis des Moses und geht darüber hinaus. Kein anderer unter den Vorvätern hat das Recht auf den Beinamen Zaddik: Josef der Gerechte. Abraham ist gehorsam, Isaak mutig und Jakob treu. Nur Josef ist gerecht.

*E. Wiesel, Adam oder das Geheimnis des Anfangs, Freiburg 1980, 141.*

In all diesen Geschichten hört Jesus von der Liebe Gottes. Auch den Menschen, der seine Worte nicht hört, der mordet, untreu ist und unterdrückt, läßt er nicht fallen. Gott allein ist es, der Leben und Frieden schenkt.

*Aus dem Achtzehngebet*

Gib Frieden,
Glück und Segen,
Gnade, Liebe und Erbarmen
uns und ganz Israel, Deinem Volke.
Unser Vater,
segne uns allesamt
im Licht Deines Angesichts.
Denn im Licht Deines Angesichts
gabst Du uns,
Herr, unser Gott,
die Tora des Lebens,
die Liebe zur Güte,
Gerechtigkeit und Segen,
Erbarmen, Leben und Frieden.
Möge es gut sein in Deinen Augen,
Dein Volk Israel zu segnen
mit Deinem Frieden,
zu jeder Zeit und zu jeder Stunde.
Gelobt seist Du, Herr,
der sein Volk Israel mit Frieden segnet.

*Zit. nach J. J. Petuchowski, Gottesdienst des Herzens, Freiburg 1981, 31f.*

## Jesus als Heranwachsender

Je mehr sich Jesus die Geschichte des eigenen Volkes erschließt, desto mehr sieht er: Das Volk ist nicht fähig zu leben, es ist nicht fähig, den Bund zu erfüllen. Nur Gott, seine Liebe und sein je neues Handeln können das Volk retten.

Wenn der Mensch auf die Worte Gottes vom Sinai nicht hört, stirbt er. In der alten Zeit wurde deshalb die Todesstrafe verlangt: für Mord in Lev 19,18, für Ehebruch in Lev 20,10 und Dtn 22,22, für Menschenraub in Ex 21,16 und Dtn 24,7. Sie war nur Vollstreckung dessen, was dem Menschen ohne Gott droht. Zur Zeit Jesu wurde die Todesstrafe von Juden höchst selten und bei weitem nicht für jeden Mord, Ehebruch oder Menschenhandel ausgesprochen. Als Jesus gerade religiös volljährig geworden war, also mit 13 Jahren, verlieren die Hohenpriester und der Hohe Rat zudem an Einfluß und Macht. Sie kommen unter direkte römische Verwaltung und dürfen die Todesstrafe gar nicht mehr vollstrecken.

Trotzdem behalten diese Bibelworte ihre Bedeutung. Für Jesus ist die Geschichte das beste Anschauungsmaterial, wie sich Hören und Nichthören der Worte Gottes vom Sinai zum Leben beziehungsweise zum Tod für das Volk auswirken. Die ursprünglich in den privaten Bereich gesprochenen Worte haben zusätzlich über ihren Wortsinn hinaus durch die Geschichte politische und gesellschaftliche Bedeutung erlangt und sie haben sich auch dort bewahrheitet.

Kurz vor dem Untergang des Nordreiches Israel im Jahre 722, als die Assyrergefahr schon drohte, warnte der Prophet Hosea das Volk mit Worten Gottes aus der Zweiten Tafel vom Sinai vor dem Untergang.

Hos 4,1–3

1 Höret das Wort des Herrn, ihr Söhne Israels!
Denn der Herr hat zu rechten mit den Bewohnern des Landes, daß so gar keine Treue und keine Liebe und keine Gotteserkenntnis im Lande ist.
2 Man schwört und lügt, man *mordet* und *stiehlt, man bricht die Ehe* und übt Gewalttat, und Blutschuld reiht sich an Blutschuld.
3 Darum wird trauern die Erde, und verschmachten wird alles, was darauf wohnt, Tiere des Feldes und Vögel des Himmels; ja, auch die Fische des Meeres werden dahingerafft.

Ähnlich erhebt Jeremia einige Jahrzehnte vor der Zerstörung Jerusalems und des ersten Tempels 586 seine Stimme und warnt das Volk vor der tödlichen Bedrohung mit der Aufzählung von Gottesworten am Sinai.

Jer 7,4–11

4 Verlaßt euch nicht auf täuschende Worte wie
diese: „Der Tempel des Herrn, der Tempel des
Herrn, der Tempel des Herrn ist hier!“ 5 sondern
bessert euren Wandel, bessert eure Taten! Wenn
ihr wirklich Recht schafft zwischen den Leuten,
6 wenn ihr Fremdling, Waise und Witwe nicht
bedrückt und nicht unschuldiges Blut vergießt
an dieser Stätte und nicht andern Göttern nach-
lauft, euch selbst zum Unheil, 7 so will ich euch
an diesem Orte wohnen lassen, in dem Lande,
das ich euren Vätern gegeben habe von Ewig-
keit zu Ewigkeit. 8 Seht, ihr verlaßt euch auf die
täuschenden Worte, die nichts nützen. 9 Wie? da
*stiehlt* man und *mordet, bricht die Ehe* und
schwört Meineide, opfert dem Baal und läuft
andern Göttern nach, die man nicht kennt –
10 und dann kommt ihr und tretet vor mein An-
gesicht in diesem Hause, das nach meinem Na-
men genannt ist, und sprecht: „Wir sind gebor-
gen!“ – um all diese Greuel (auch ferner) zu trei-
ben! 11 Ist denn dieses Haus, das nach meinem
Namen genannt ist, in euren Augen eine Räu-
berhöhle geworden! Auch ich, fürwahr, ich sehe
es, spricht der Herr.

Zur Zeit Jesu sind es vor allem die Pharisäer, die für ein bundesgerechtes Verhalten des Volkes wirken. Zwei Generationen vor Jesus leben die großen Lehrer des Judentums: Hillel und Schammai. Schammai betont mehr die Bedeutung des Einzelgebotes; Hillel hat stärker die Motivation herausgestellt. Die ganze Tora läßt sich nach ihm im Gebot der Nächstenliebe zusammenfassen. Im Spannungsfeld solcher Lehrmeinungen und Theorien bewegt sich das Denken Jesu. Hier ist er gerufen, sich eine eigene Meinung zu bilden, eigene Urteile zu fällen und Entscheidungen zu treffen. Sie alle stehen unter der Frage: Was ist der Wille Gottes? Was bedeutet der Bund für das Tun?

## Jesu öffentliches Auftreten

Jesus hat die Herrschaft der Römer an der Botschaft der Propheten und an den Schulmeinungen seiner Zeit gemessen. Obwohl diese Herrschaft schon fast hundert Jahre lang währt, und in der römischen Oberhoheit die eigene Ohnmacht bis zum vielfältigen Tod geschichtlich greifbar wird, sieht Jesus die Lebens- und Friedenszusage Gottes durchschimmern, die die Worte vom Sinai ausmachen. Er will die Menschen darauf stoßen, sie neu zum Hören auf Gottes Bundesangebot bringen.
1. Jesus entscheidet sich für eine rabbinische Auslegung dieser Worte vom Sinai, nach der die darin enthaltene Lebenszusage sich schon im täglichen Umgang mit dem Nächsten verwirklicht. Nicht erst wenn kein Mord, kein Ehebruch und kein Menschenraub mehr geschieht, handelt Gott. Schon wenn einer nicht verächtlich von seinem Bruder redet, einen anderen Mann, eine andere Frau nicht begehrlich ansieht, keine Feindbilder in sich entstehen läßt, ist Gottes Friede anfanghaft am Werk.

*Zum Sechsten Wort vom Sinai*

„Wer zu seinem Nächsten ‚Sklave' sagt, der soll in den Bann getan werden; wer zu ihm ‚Bastard' sagt, der empfängt die vierzig Geiselhiebe als Strafe; wer zu ihm ‚Gottloser' sagt, dem kann der Beleidigte an sein Leben gehen."
*Zit. nach Billerbeck I 280.*

*Die Bergpredigt*
Mt 5,21 f.

21 Ihr habt gehört, daß zu den Alten gesagt worden ist: Du sollst nicht töten; wer aber jemand tötet, soll dem Gericht verfallen sein. 22 Ich aber sage euch: Jeder, der seinem Bruder auch nur zürnt, soll dem Gericht verfallen sein; und wer zu seinem Bruder sagt: Du Dummkopf!, soll dem Spruch des Hohen Rates verfallen sein; wer aber zu ihm sagt: Du (gottloser) Narr!, soll dem Feuer der Hölle verfallen sein.

*Zum Siebten Wort vom Sinai*

Am Beispiel der Ehe stellt Jesus ausdrücklich fest, daß der ursprüngliche Sinn dieses Wortes vom Sinai darin liegt, einen anderen Mann, eine andere Frau nicht begehrlich anzusehen. Die Möglichkeit des Scheidebriefs (Mt 5,31 f) ist ein Zugeständnis wegen der Herzenshärte der Menschen; am Anfang war es nicht so. Im Midrasch wird dieses Zugeständnis darin begründet, daß die ersten zwei Tafeln, die Gott selbst beschrieben hat, zerbrochen seien. Die zweiten zwei Tafeln habe Mose in Gottes Auftrag beschrieben. Solche Zugeständnisse seien daraus erwachsen. Sie entsprächen aber nicht Gottes absolutem Heilswort.

*Es lehrten unsere Meister:*

Wer Geld von seiner Hand in die Hand einer Frau zählt, nur um sie sich anzusehen, wird von der Höllenstrafe nicht verschont bleiben, selbst wenn er Toragelehrsamkeit und gute Taten aufzuweisen hat.

*Zit. nach J. J. Petuchowski, Die Stimme vom Sinai, Freiburg 1981, 105.*

*Die Bergpredigt*
Mt 5,27f

[27] Ihr habt gehört, daß gesagt worden ist: Du sollst nicht die Ehe brechen. [28] Ich aber sage euch: Wer eine Frau auch nur lüstern ansieht, hat in seinem Herzen schon Ehebruch mit ihr begangen.

*Zum Achten Wort vom Sinai*

Jesus bezieht sich in der Bergpredigt auf eine Auslegung des Gebotes der Nächstenliebe, wie sie zu seiner Zeit in Qumran bei den Essenern üblich war. Nach dieser Auslegung folgt aus dem Wort „Du sollst deinen Nächsten lieben" (Lev 19,18) logisch: *also* mußt du deinen Feind hassen (1 QS 1,1–4.9 f). Gegen eine solche Deutung der Tora verteidigt Jesus die andere aus dem Judentum seiner Zeit, nach der das Gebot der Nächstenliebe auch die Feindesliebe einschließt.

*Zur Feindesliebe*
Spr 25,21 f

[21] Hat dein Feind Hunger, gib ihm zu essen, hat er Durst, gib ihm zu trinken; [22] so sammelst du glühende Kohlen auf sein Haupt, und der Herr wird es dir vergelten.

Slaw. Henoch 50,2–4

Jetzt nun, meine Kinder, verbringt in Geduld und Sanftmut eure Tage, damit ihr den unendlichen Aion erbt! Jeden Schlag und jede Wunde und jedes böse Wort und Anfechtung erduldet um des Herrn willen. Wenn auf euch kommen Vergeltung des Bösen, gebt nicht zurück, *weder dem Nächsten noch dem Feind,* weil der Herr euch Vergelter sein wird, Rächer am Tag des großen Gerichts, damit nicht werde zu rächen hier von den Menschen.

*Die Bergpredigt*
Mt 5,43–45

43 Ihr habt gehört, daß gesagt worden ist: Du
sollst deinen Nächsten lieben und deinen Feind
hassen. 44 Ich aber sage euch: Liebt eure Feinde
und betet für die, die euch verfolgen, 45 damit
ihr Söhne eures Vaters im Himmel werdet; denn
er läßt seine Sonne aufgehen über Bösen und
Guten, und er läßt regnen über Gerechte und
Ungerechte. 46 Wenn ihr nämlich nur die liebt,
die euch lieben, welchen Lohn könnt ihr dafür
erwarten? Tun das nicht auch die Zöllner?
47 Und wenn ihr nur eure Brüder grüßt, was tut
ihr damit Besonderes? Tun das nicht auch die
Heiden?

2. An einem mißlungenen Fall des Rufes zur Nachfolge wird die Eigenart des Handelns Jesu besonders deutlich. Auf dem Weg nach Jerusalem und in den Tod tritt Jesus ein reicher Mann entgegen: „Guter Meister, was muß ich tun, damit ich das ewige Leben erwerbe?" (Mk 10,17) Jesus antwortet mit einer Wiederholung der Worte vom Sinai, wobei die ganze erste Tafel in dem Fünften Wort vom Hören auf die Überlieferung der Eltern zusammengefaßt ist. Gott allein ist gut. Er allein schenkt Leben. Höre auf ihn!

Der Mann hat das zeitlebens getan. Das sagt er auch zu Jesus. Der gewinnt ihn lieb und lädt ihn ein, seinen Reichtum zu verschenken und ihm *nachzufolgen*. Das ist ein Angebot.

Jesus predigt also nicht nur die anbrechende Herrschaft Gottes. Er ruft Menschen in seine Gemeinde, um zeichenhaft in dieser Welt und für diese Welt auf Gottes Wort zu hören und daraus das Leben zu empfangen.

Mk 10,17–22

17 Als sich Jesus wieder auf den Weg machte, lief
ein Mann auf ihn zu, fiel vor ihm auf die Knie
und fragte ihn: Guter Meister, was muß ich tun,
damit ich das ewige Leben erwerbe? 18 Jesus
antwortete: Warum nennst du mich gut? Niemand ist gut außer Gott, dem Einen. 19 Du
kennst doch die Gebote: *Du sollst nicht töten, du
sollst nicht die Ehe brechen, du sollst nicht stehlen, du sollst nicht falsch aussagen, du sollst keinen Raub begehen; ehre deinen Vater und deine
Mutter!* 20 Er erwiderte ihm: Meister, alle diese
Gebote habe ich von Jugend an befolgt. 21 Da
sah ihn Jesus an, und weil er ihn liebte, sagte er:
Eines fehlt dir noch: Geh, verkaufe, was du
hast, gib das Geld den Armen und du wirst
einen bleibenden Schatz im Himmel haben;
*dann komm und folge mir nach!* 22 Der Mann
aber war betrübt, als er das hörte, und ging traurig weg; denn er hatte ein großes Vermögen.

3. Jesus muß zur Kenntnis nehmen, daß der reiche Mann sein Angebot ablehnt. Und seine Jünger denken genauso. „Sie entsetzten sich sehr und sagten zueinander: Wer kann dann gerettet werden?" (Mk 10,26). Jesu Antwort bekommt grundsätzliches Gewicht: „Bei den Menschen ist es unmöglich, aber nicht bei Gott; denn bei Gott sind alle Dinge möglich" (Mk 10,27).
Damit erhält Jesu Weg nach Jerusalem und in den Tod eine neue Bedeutung. Sein Tod wird zum Lösegeld für die Vielen. Stellvertretend für die Menschen, die zum Hören auf Gottes Bundesworte vom Sinai nicht bereit, ja nicht einmal fähig sind, erleidet er den Tod. Der Tod, der als Ergebnis der Gottesferne alle treffen müßte, wird *Jesu Weg, damit sich Gottes Heilswort auch gegen den Menschen durchsetzt.*

Jes 29,13f

[13] Der Herr sagte: Weil dieses Volk sich mir nur mit Worten nähert und mich bloß mit den Lippen ehrt, sein Herz aber fernhält von mir, weil seine Furcht vor mir nur auf einem angelernten, menschlichen Gebot beruht,
[14] darum will auch ich in Zukunft an diesem Volk seltsam handeln, so seltsam, wie niemand es erwartet. Dann wird die Weisheit seiner Weisen vergehen und die Klugheit seiner Klugen verschwinden.

*Nicht wie bei den Herrschern der Menschen*

Mk 10,42–45

[42] Da rief Jesus sie zu sich und sagte: Ihr wißt,
daß die, die als Herrscher gelten, ihre Völker
unterdrücken und die Mächtigen ihre Macht
über die Menschen mißbrauchen.[43] Bei euch
aber soll es nicht so sein, sondern wer bei euch
groß sein will, der soll euer Diener sein, [44] und
wer bei euch der erste sein will, soll der Sklave
aller sein. [45] Denn auch der Menschensohn ist
nicht gekommen, um sich dienen zu lassen, sondern um zu dienen und sein Leben hinzugeben als Lösegeld für viele.

## Vorschlag für die Gruppenarbeit

*Gespräch*

Die Geschichte am Ende der Gebetsschule wird nochmals vorgelesen. Die Teilnehmer überlegen zuerst, wie die Geschichte gemeint sein kann. Dann besprechen sie, wo die Wahrheit dieser Geschichte für sie selbst liegt.

*Pin-Wand: Friede – Unfriede*

Frieden ist mehr als nur die Abwesenheit von Krieg. Frieden verlangt aktiven Einsatz. Man kann Frieden „lernen“. Ein Schritt dazu ist die Beobachtung der vielfältigen Formen, in denen Frieden und Unfrieden auftreten können.
Auf der Pin-Wand werden deshalb Bereiche gesammelt, in denen Frieden beziehungsweise Unfrieden vorkommen können: Familie, Nachbarschaft, Arbeitsplatz, Nord-Süd-Konflikt, Ost-West-Konflikt, Bürgerinitiativen usw.
Die Teilnehmer sollen dann zu jedem Bereich einige Wortpaare aufschreiben, die für sie Frieden und Unfrieden bedeuten; zum Beispiel zu Nachbarschaft: Sprechen – Schweigen; zu Familie: etwas miteinander unternehmen – nebeneinander herleben. Diese Wortpaare werden dann an die Pin-Wand geheftet und geordnet.

*Erzählen*

Nach einer kurzen Stille teilt jeder eine Geschichte aus seinem Leben mit, in der ihm eine Friedensstiftung gelungen oder durch andere widerfahren ist.

## Vorschlag für die Woche

*Frieden stiften*

Die Teilnehmer sollen sich in einem Bereich ihres Lebens die Frage stellen, wie sie Frieden stiften können. Die Idee soll möglichst noch in dieser Woche in die Tat umgesetzt werden. In der nächsten Katechese kann jeder kurz davon erzählen.

# Das Neunte Wort vom Sinai

**Du wirst nicht falsches Zeugnis reden wider deinen Nächsten.** Exodus 20,16

Wieder geht es im Neunten Wort vom Sinai um Leben und Tod. Das Wort gehört in die Gerichtssituation. Jemand kann durch falsche Zeugen von einem Gericht zu Unrecht verurteilt werden. Deshalb ist das wahre Zeugnis so wichtig. In ausdeutender Entfaltung wird dieses Wort auf jede Lüge und auch auf jede üble Nachrede bezogen, weil dadurch dem anderen Menschen Recht und Leben verweigert werden.

So richtig die sprachlichen Beobachtungen sind, sie führen noch nicht zum Verstehen des Neunten Wortes vom Sinai *als Gottes Offenbarung*. Das Wort wird auf eine Verhaltensanweisung im zwischenmenschlichen Bereich eingeschränkt. Gott kommt dabei nur als Gesetzgeber vor, ist aber selbst nicht beteiligt.

In Wirklichkeit ist auch dieses Neunte Wort zuerst eine Selbstmitteilung Gottes und als solche Geschenk für den Menschen. Gott ist nicht nur Gesetzgeber, sondern er steht für die Wahrheit eines Wortes selbst ein. Damit wird das Neunte Wort vom Sinai zum *Wort vom gnädigen Gericht Gottes,* in dem er für uns Zeugnis ablegt, für uns einsteht und uns dadurch Leben schenkt.

## Gebetsschule: Wir hören auf den Gott der Wahrheit

Es gibt Menschen, die stolz darauf sind, daß sie in ihrem Leben immer die Wahrheit gesagt haben. Damit können sie nur die Sachebene meinen: sie haben nie absichtlich eine falsche Auskunft gegeben. Das menschliche Reden hat aber neben der sachlichen eine personale Dimension. Denn bei jedem Sprechen sind sowohl der Absender als auch der Adressat miteinbezogen. Die Frage nach der Wahrheit hat deshalb zu tun mit der Frage: *Wie gehen wir miteinander um?* In diesem Sinn kann kein Mensch guten Gewissens von sich behaupten, er habe immer die Wahrheit gesagt. Die Lüge enthält neben der sachlichen Unwahrheit immer auch eine persönliche Täuschung. Mit ihr wird das eigene Leben und das des Mitmenschen zerstört.

1. Gegen die Wahrheit verstößt der *Wahrheitsfanatiker,* der ohne Rücksicht auf den anderen, auf die Art und Weise, auf die jeweilige Situation seine vermeintliche Wahrheit verkündet. Wer bei seinem Reden den anderen Menschen gar nicht sieht, wer das Wort, losgelöst von seinem lebendigen Gemeinschaftsbezug, dem anderen entgegenschleudert, gleich ob es verletzt oder zerstört, der dient, wie D. Bonhoeffer gesagt hat, dem Satan, dem Vater der Lüge. Er fühlt sich selbst wie ein Gott über den schwachen Kreaturen, indem er hochmütig über das Trümmerfeld lächelt, das er angerichtet hat, da doch der andere diese „Wahrheit" nicht ertragen kann.

2. Gegen die Wahrheit verstößt auch der, der *mit der Wirklichkeit verantwortungslos umgeht* und angeblich aus Mitleid, in Wahrheit aber aus Feigheit, lügt. Wer nur dem anderen nach dem Munde redet, ist unaufrichtig. Er enthält ihm das Wort vor, auf das er als Mensch Anspruch hat, auch wenn es wehtut, deshalb wehtut, weil es ihn aufbauen und verändern kann. Sein Reden ist hohles Geschwätz; er untergräbt das menschliche Miteinander und fördert das gegenseitige Mißtrauen.

*Wahrheit und Bekenntnis* gehören wegen der personalen Dimension des Wortes eng zusammen. Niemand kann restlos dafür einstehen, daß seine Sätze stimmen, wenn er sagt: „ich liebe dich"; „ich glaube an dich"; „ich vertraue dir". Trotzdem hängt von der Möglichkeit solcher Sätze und davon, daß solche Sätze zwischen den Menschen auch gesprochen und gehört werden, unser Leben ab. Das Jawort am Traualtar ist wie die Unterschrift auf einem Scheck, von dem man nicht weiß, ob er gedeckt ist. Rein menschlich gesehen ist eine solche Unterschrift unverantwortbar. Sie darf dennoch geleistet werden, weil Gott Bürgschaft dafür gibt.

## Erfahrungen im Leben Jesu

Jesus hat Gott als Garant der Wahrheit und Wahrhaftigkeit kennengelernt. Das Problem der Heuchelei hat ihn bedrückt. Er selbst hat einschließlich der Aussagen in seinem eigenen Prozeß die Wahrheit gesagt und getan und ist so endgültig zum Zeugen geworden.

### Jesus als Kind

Jesus lernt schon als Kind die tödliche Bedrohung des Volkes durch das Falschzeugnis anschaulich kennen. Beim Purimfest wird jedes Jahr die Geschichte von Ester vorgelesen. Dabei werden alle Bedrohungen und Gefahren lebendig, die dem Volk in seiner langen Geschichte durch Verleumdung widerfahren sind.

Ester 3,13 b–13 g

Als Herrscher über viele Völker und Gebieter über die ganze Welt habe ich beschlossen …, meinen Untertanen in jeder Hinsicht ein ruhiges Leben zu sichern, die Entwicklung des Reiches zu fördern und es bis an die Grenzen mit guten Straßen zu versehen und allen Menschen wieder den ersehnten Frieden zu schenken. Als ich meine Ratgeber fragte, wie ich das erreichen könnte, hat Haman, der sich bei uns durch seine Besonnenheit hervorgetan und seine unwandelbare edle Gesinnung und feste Treue unter Beweis gestellt hat, und der im Reich den zweithöchsten Rang innehat, uns darauf hingewiesen, daß sich ein bestimmtes heimtückisches Volk unter alle Nationen der Erde gemischt habe, das durch seine Gesetze zu jedem anderen Volk in Gegensatz stehe. Es mißachte ununterbrochen die Anordnungen unserer Könige, so daß die Verwaltung des ganzen Reiches beeinträchtigt ist, obwohl sie von uns ausgezeichnet geleitet wird. So sind wir zu der Ansicht gelangt, daß dieses Volk als einziges sich gegen alle Menschen ohne Ausnahme feindselig verhält, nach absonderlichen und befremdlichen Gesetzen lebt und sich gegen die Interessen unseres Landes stellt und die schlimmsten Verbrechen begeht, so daß im Reich keine geordneten Verhältnisse eintreten können. Darum ordnen wir an: Alle, die euch Haman, der Leiter der Staatskanzlei, unser zweiter Vater, in seinem Brief näher beschrieben hat, sollen am vierzehnten Tag des Monats Adar des laufenden Jahres samt ihren Frauen und Kindern ohne Gnade und Erbarmen durch das Schwert ihrer Feinde radikal ausgerottet werden. So werden diese seit jeher feindseligen Menschen an einem einzigen Tag eines gewaltsamen Todes sterben und in die Unterwelt hinabfahren, unser Land aber wird sich in Zukunft einer beständigen und ungestörten Ruhe erfreuen.

Aber nicht nur die Bedrohung durch das Falschzeugnis der Fremden lernt Jesus kennen. Er hört auch davon, daß in seinem Volk das Falschzeugnis zum Tode führt.
Besonders eindringlich ist die Geschichte von Nabot, der seinen Weinberg dem König nicht verkaufen will und der deshalb einem Justizmord zum Opfer fällt.

1 Kön 21,1–16

1 Danach trug sich folgendes zu. Nabot aus Jes-
reel hatte einen Weinberg in Jesreel neben dem
Palast Ahabs, des Königs von Samarien. 2 Ahab
verhandelte mit Nabot und schlug ihm vor: Gib
mir deinen Weinberg! Er soll mir als Gemüse-
garten dienen; denn er liegt nahe bei meinem
Haus. Ich will dir dafür einen besseren Wein-
berg geben. Wenn es dir aber lieber ist, bezahle
ich dir den Kaufpreis in Geld. 3 Doch Nabot er-
widerte: Der Herr bewahre mich davor, daß ich
dir das Erbe meiner Väter überlasse. 4 Darauf
kehrte Ahab in sein Haus zurück. Er war miß-
mutig und verdrossen, weil Nabot aus Jesreel zu
ihm gesagt hatte: Ich werde dir das Erbe meiner
Väter nicht überlassen. Er legte sich auf sein
Bett, wandte das Gesicht zur Wand und wollte
nicht essen. 5 Seine Frau Isebel kam zu ihm her-
ein und fragte: Warum bist du mißmutig und
willst nicht essen? 6 Er erzählte ihr: Ich habe mit
Nabot aus Jesreel verhandelt und ihm gesagt:
Verkauf mir deinen Weinberg für Geld, oder
wenn es dir lieber ist, gebe ich dir einen anderen
dafür. Doch er hat geantwortet: Ich werde dir
meinen Weinberg nicht geben. 7 Da sagte seine
Frau Isebel zu ihm: Du bist doch jetzt König in
Israel. Steh auf, iß, und sei guter Dinge! Ich
werde dir den Weinberg Nabots aus Jesreel ver-
schaffen.
8 Sie schrieb Briefe im Namen Ahabs, versah sie
mit seinem Siegel und schickte sie an die Älte-
sten und Vornehmen, die mit Nabot zusammen
in der Stadt wohnten. 9 In den Briefen schrieb
sie: Ruft ein Fasten aus, und laßt Nabot oben
vor allem Volk Platz nehmen! 10 Setzt ihm aber
zwei nichtswürdige Männer gegenüber! Sie sol-
len gegen ihn als Zeugen auftreten und sagen:
Du hast Gott und den König gelästert. Führt
ihn dann hinaus, und steinigt ihn zu Tode!
11 Die Männer der Stadt, die Ältesten und Vor-
nehmen, die mit ihm zusammen in der Stadt
wohnten, taten, was Isebel ihnen geboten hatte,
was in den Briefen stand, die sie ihnen gesandt
hatte. 12 Sie riefen ein Fasten aus und ließen Na-
bot oben vor allem Volk Platz nehmen. 13 Es ka-
men aber auch die beiden nichtswürdigen Män-
ner und setzten sich ihm gegenüber. Sie standen
vor dem Volk als Zeugen gegen Nabot auf und
sagten: Nabot hat Gott und den König gelä-
stert. Sogleich führte man ihn aus der Stadt hin-
aus und steinigte ihn zu Tode.
14 Darauf ließen sie Isebel melden: Nabot
wurde gesteinigt und ist tot. 15 Sobald sie hörte,

daß Nabot gesteinigt wurde und tot war, sagte sie zu Ahab: Auf, nimm den Weinberg Nabots aus Jesreel in Besitz, den er dir für Geld nicht verkaufen wollte; denn Nabot lebt nicht mehr; er ist tot. [16] Als Ahab hörte, daß Nabot tot war, stand er auf und ging zum Weinberg Nabots aus Jesreel hinab, um von ihm Besitz zu ergreifen.

Aus den Geschichten lernt Jesus: Gott allein ist die Wahrheit. So könnte man auch das hebräische Wort „Amen" übersetzen, das Jesu Beten und Reden, das heißt seinem Umgang mit Gott und den Menschen täglich geprägt hat. Denn „Amen" sagen bedeutet: Ja, das ist wahr; ich kann darauf bauen; ich kann vertrauen; es ist möglich, daraus zu leben.

Das folgende Gebet entstammt dem Sohar, dem Hauptwerk mittelalterlicher Mystik. Es wird heute beim Öffnen des Toraschreins und beim Herausholen der Tora gebetet.

Du ernährst und erhältst das All.
Du regierst das All.
Du regierst die Könige,
und Dein ist das Reich.
Ich bin ein Diener des Heiligen, gelobt sei Er.
Vor ihm und Seiner herrlichen Lehre verbeuge ich mich zu jeder Zeit.
Nicht auf einen sterblichen Menschen setze ich mein Vertrauen,
und auf einen Engel verlasse ich mich nicht,
sondern nur auf den Gott des Himmels.
Denn er ist Gott in Wahrheit,
und Seine Lehre ist Wahrheit,
und Seine Propheten sind Wahrheit,
und Er selbst erweist immer wieder Güte und Wahrheit.
Auf ihn setze ich mein Vertrauen,
und Seinem heiligen und herrlichen Namen singe ich Preisungen.

*Zit. nach J. J. Petuchowski, Gottesdienst des Herzens, Freiburg 1981, 74.*

## Jesus als Heranwachsender

1. Das Ringen um Wahrhaftigkeit und der Versuch, die Schädigung des anderen Menschen durch Falschaussage, Lüge und Meineid zu verhindern, durchziehen die Tora. Jesus hat die Bestimmungen kennengelernt, die helfen sollen, daß niemand durch einen Falscheid oder durch eine Falschaussage geschädigt wird. Die Gesetzestexte der Tora sind für Jesus wie ein Kommentar zu diesem Neunten Wort vom Sinai.

Lev 19,12

Ihr sollt nicht falsch bei meinem Namen schwören; du würdest sonst den Namen deines Gottes entweihen, ich bin der Herr.

Lev 19,15f

[15] Ihr sollt in der Rechtssprechung kein Unrecht tun. Du sollst weder für einen Geringen, noch für einen Großen Partei nehmen; gerecht sollst du deinen Stammesgenossen richten. [16] Du sollst deinen Stammesgenossen nicht verleumden und dich nicht hinstellen und das Leben deines Nächsten fordern. Ich bin der Herr.

Das Ringen um die Wahrhaftigkeit zeigt sich auch in der Gerichtspraxis, daß es zweier Zeugen bedarf; einer ist zu unzuverlässig.

Dtn 17,6f

[6] Wenn es um Leben oder Tod eines Angeklagten geht, darf er nur auf die Aussage von zwei oder drei Zeugen hin zum Tod verurteilt werden. Auf die Aussage eines einzigen Zeugen hin darf er nicht zum Tod verurteilt werden.
[7] Wenn er hingerichtet wird, sollen die Zeugen als erste ihre Hand gegen ihn erheben, dann erst das ganze Volk. Du sollst das Böse aus deiner Mitte wegschaffen.

Num 35,30

Wenn irgend jemand einen Menschen erschlägt, darf man den Mörder nur aufgrund von Zeugenaussagen töten; doch aufgrund der Aussage nur eines einzigen Zeugen darf man einen Menschen nicht töten.

Selbstverständlich verfällt ein überführter Falschzeuge selber dem Tod.

Dtn 19,16–19

[16] Wenn jemand vor Gericht geht und als Zeuge einen anderen zu Unrecht der Anstiftung zum Aufruhr bezichtigt, [17] wenn die beiden Parteien mit ihrem Rechtsstreit vor den Herrn hintreten, vor die Priester und Richter, die dann amtieren, [18] wenn die Richter eine genaue Ermittlung anstellen und sich zeigt: Der Mann ist ein falscher Zeuge, er hat seinen Bruder fälschlich bezichtigt, [19] dann sollt ihr mit ihm so verfahren, wie er mit seinem Bruder verfahren wollte. Du sollst das Böse aus deiner Mitte wegschaffen.

2. Jesus erfährt in besonderer Intensität die Verantwortung für das Halten des Bundes. Er erfährt sich als einen der Zeugen, ja mehr: als den Zeugen schlechthin.

Jos 24,22–24

[22] Josua aber sprach zum Volke: Ihr seid Zeugen gegen euch selbst, daß ihr euch den Herrn erwählt, ihm zu dienen – und sie sprachen: Wir sind Zeugen –; [23] so tut nun von euch die fremden Götter, die unter euch sind, und neiget euer Herz dem Herrn zu, dem Gott Israels. [24] Und das Volk sprach zu Josua: Dem Herrn, unserem Gott, wollen wir dienen und auf seine Stimme hören.

3. Besonders wichtig werden für den heranwachsenden Jesus die selbstkritischen Aussagen der Propheten. Kaum ein Volk hat sich in solch intensiver Weise der Selbstkritik gestellt wie Israel. Jesus vernimmt die Propheten, die das Versagen der Könige, die Untreue des Volkes und die vielen Falschpropheten anklagen. Er nimmt in sich auf, wie häufig das Zeugnis der Menschen falsch und damit ihre feierliche Verpflichtung auf den Bund mit Gott verraten wird.

Jes 5,20–24

[20] Weh denen, die das Böse gut und das Gute böse nennen, die die Finsternis zum Licht und das Licht zur Finsternis machen, die das Bittere süß und das Süße bitter machen.
[21] Weh denen, die in ihren eigenen Augen weise sind und sich selbst für klug halten.
[22] Weh denen, die Helden sind, wenn es gilt, Wein zu trinken und tapfer, wenn es gilt, starke Getränke zu brauen, [23] die den Schuldigen für Bestechungsgeld freisprechen, und dem Gerechten sein Recht vorenthalten.
[24] Darum: Wie des Feuers Zunge die Stoppeln frißt und wie das Heu in der Flamme zusammensinkt, so soll ihre Wurzel verfaulen und ihre Blüte wie Staub aufgewirbelt werden. Denn sie haben die Weisung des Herrn der Heere von sich gewiesen und über das Wort des Heiligen Israels gelästert.

Wenn Jesus sich die jahrhundertealte Fremdherrschaft, die Machtgier der eigenen Könige, die Käuflichkeit der Hohenpriester und die Heuchelei der Pharisäer vor Augen hält, dann bewahrheiten sich für ihn die harten Worte des Propheten Jeremia, der das Regiment der Lüge anprangert und es mit der Lüge Jakobs, des Stammvaters vergleicht. Jakob hat sich das Erstgeburtsrecht und den Segen Isaaks erschlichen. Selbstkritisch sagt Jeremia: Jakob, unser Vater, ist ein Vater der Lüge.

Jer 9,2–6

2 O, daß ich eine Herberge hätte fern in der Wü-
ste! So wollte ich mein Volk verlassen, wollte
von ihnen gehen! Denn alle sind sie Ehebre-
cher, eine Rotte von Treulosen.
3 Sie spannen ihre Zunge wie einen Bogen; die
Lüge, nicht die Wahrheit, führt im Land das Re-
giment; denn sie schreiten von Frevel zu Frevel,
mich aber kennen sie nicht, spricht der Herr.
4 Ein jeder hüte sich vor dem Freunde, und kei-
ner traue dem Bruder; denn jeder Bruder treibt
es wie Jakob, und jeder Freund verleumdet.
5 Einer betrügt den anderen, und keiner redet
ein wahres Wort; ans Lügen gewöhnt ist ihre
Zunge, sie freveln und mögen nicht umkehren.
6 Gewalttat über Gewalttat, Trug über Trug! Sie
wollen mich nicht kennen, spricht der Herr.

4. Die Möglichkeit zu solch radikaler Selbstkritik liegt für Jesus darin, daß Gott nicht von seinem Volke läßt. Das Neunte Wort vom Sinai ist die Selbstmitteilung Gottes, der als Richter für den Menschen eintritt und ihn gerechtspricht. Von diesem „fröhlichen Tausch“ (M. Luther) als Interpretation des Neunten Wortes vom Sinai erzählt die Geschichte von Bileam, der vom Moabiterkönig Balak gerufen wird, um Israel zu verfluchen, und der Israel dreimal im Auftrag Gottes segnet. Seine Begründung lautet dreimal: „Ich muß alles tun, was der Herr mir befiehlt“ (Num 22–24).

*Aus dem zweiten Segen Bileams*
Num 23,18–22.25f

18 Da begann Bileam mit seinem Orakelspruch
und sagte: Auf, Balak, höre, lausche mir, Sohn
Zippors!
19 Gott ist kein Mensch, der lügt, kein Men-
schenkind, das etwas bereut. Spricht er etwas
und tut es dann nicht, sagt er etwas und hält es
dann nicht?
20 Sieh her, ich habe es übernommen zu segnen;
so muß ich segnen, ich kann's nicht widerrufen.
21 Man erblickt kein Übel in Jakob, man sieht
kein Unheil in Israel. Jahwe, sein Gott, ist bei
ihm, seinem König jubelt Israel zu.
22 Gott hat sie aus Ägypten geführt. Er hat Hör-
ner wie ein Wildstier.
25 Da sagte Balak zu Bileam: Wenn du es schon
nicht verwünschen willst, dann segne es doch
wenigstens nicht!
26 Bileam antwortete Balak: Habe ich es dir
nicht gesagt: Ich muß alles tun, was der Herr
mir befiehlt.

## Jesu öffentliches Auftreten

1. Jesus tritt nach der Gefangennahme des Täufers auch in die Rolle des Propheten. Er macht sich die prophetische Kritik zu eigen.

Micha 3,9–12

9 Hört doch, ihr Häupter des Hauses Jakob und
ihr Richter aus dem Haus Israel!
Ihr verabscheut das Recht und macht alles
krumm, was gerade ist.
10 Ihr erbaut Zion mit Blut und Jerusalem mit
lauter Unrecht.
11 Die Häupter dieser Stadt sprechen Recht und
nehmen dafür Geschenke an, ihre Priester leh-
ren gegen Bezahlung.
Ihre Propheten wahrsagen für Geld, und doch
berufen sie sich auf den Herrn und sagen:
Ist nicht der Herr in unserer Mitte? Kein Unheil
kann über uns kommen.
12 Darum wird Zion euretwegen zum Acker, den
man umpflügt, Jerusalem wird zu einem Trüm-
merhaufen, der Tempelberg zur überwucherten
Höhe.

Das scharfe Wort vom Natterngezücht, das Johannes der Täufer gegen die religiösen Führer des Volkes gebraucht, verwendet Jesus, ebenso dessen Umkehrruf (Mt 3,2; 4,17).

*Johannes der Täufer*
Mt 3,7–10

[7] Als Johannes sah, daß viele Pharisäer und Sadduzäer zur Taufe kamen, sagte er zu ihnen: Ihr Natterngezücht, wer hat euch denn gelehrt, daß ihr dem kommenden Gericht entrinnen könnt. [8] Bringt Frucht hervor, die eure Umkehr zeigt, [9] und meint nicht, ihr könntet sagen: Wir haben ja Abraham zum Vater. Denn ich sage euch: Gott kann aus diesen Steinen Kinder Abrahams machen. [10] Schon ist die Axt an die Wurzel der Bäume gelegt; jeder Baum, der keine gute Frucht hervorbringt, wird umgehauen und ins Feuer geworfen.

*Jesus*
Mt 12,33f

[33] Entweder: Der Baum ist gut – dann sind auch seine Früchte gut. Oder: Der Baum ist schlecht – dann sind auch seine Früchte schlecht. An den Früchten also erkennt man den Baum. [34] Ihr Natterngezücht, wie könnt ihr Gutes reden, wenn ihr böse seid? Denn wovon das Herz voll ist, davon spricht der Mund.

2. Die Rabbinen mißtrauen dem Zeugnis der Menschen und warnen im Anschluß an prophetische Worte vor Meineid und überhaupt vor leichtfertigen Eiden.

Sach 8,16f

[16] Das sind die Dinge, die ihr tun sollt: Sagt untereinander die Wahrheit! Fällt an euren Stadttoren Urteile, die der Wahrheit entsprechen und dem Frieden dienen. [17] Plant in eurem Herzen nichts Böses gegen euren Nächsten, und liebt keine verlogenen Schwüre! Denn das alles hasse ich – Spruch des Herrn.

*Aus dem Talmud*

Gott sprach zu Israel: Ihr sollt nicht meinen, daß euch das Schwören bei meinem Namen erlaubt sei; selbst der Wahrheit gemäß dürft ihr nicht bei meinem Namen schwören, es sei denn, daß du alle jene Eigenschaften besitzest von Dtn 10,20: „Jahwe deinen Gott sollst du fürchten, ihn verehren und ihm anhangen und bei meinem Namen schwören“. ... Dann kannst du schwören; wenn aber nicht, so darfst du nicht schwören.
*Zit. nach Billerbeck I 330.*

Diese Warnung greift Jesus auf und er verschärft sie zu einem Eidesverbot. Der Mensch kann vor Gott nicht als Zeuge bestehen.

> Mt 5,33–37
>
> [33] Ihr habt gehört, daß zu den Alten gesagt worden ist: Du sollst keinen Meineid schwören, und: Du sollst halten, was du dem Herrn geschworen hast. [34] Ich aber sage euch: Schwört überhaupt nicht, weder beim Himmel, denn er ist Gottes Thron, [35] noch bei der Erde, denn sie ist der Schemel für seine Füße, noch bei Jerusalem, denn es ist die Stadt des großen Königs. [36] Auch bei deinem Haupt sollst du nicht schwören; denn du kannst kein einziges Haar weiß oder schwarz machen. [37] Euer Ja sei ein Ja, euer Nein ein Nein; alles andere stammt vom Bösen.

3. Sehr früh kommt es zu Auseinandersetzungen zwischen Jesus und Schriftgelehrten aus Jerusalem (Mk 3,22; 7,1). Die Verdrehung der Wahrheit, das bewußte falsche Zeugnis, ist die Sünde wider den Heiligen Geist, die in Ewigkeit keine Vergebung findet.

> Mk 3,28–30
>
> [28] Amen, das sage ich euch: Alle Vergehen und Lästerungen werden den Menschen vergeben werden, so viel sie auch lästern mögen; [29] wer aber den Heiligen Geist lästert, der findet in Ewigkeit keine Vergebung, sondern seine Sünde wird ewig an ihm haften. [30] Sie hatten nämlich gesagt: Er ist von einem unreinen Geist besessen.

Wohl kein Religionsstifter hat härtere Fluchworte gegenüber seinen Gegnern gebraucht. Daran sieht man, wie sehr Jesus durch das Problem der Heuchelei herausgefordert war.

> *Bei der Diskussion um das kultische Gesetz*
> Mk 7,6–9
> [6] Der Prophet Jesaja hatte recht mit dem, was er über euch Heuchler sagte: „Dieses Volk ehrt mich mit den Lippen, sein Herz aber ist weit weg von mir. [7] Es ist sinnlos, wie sie mich verehren; was sie lehren, sind Satzungen von Menschen.“ [8] Ihr gebt Gottes Gebot preis und haltet euch an die Überlieferung der Menschen. [9] Und weiter sagte Jesus: Sehr geschickt setzt ihr Gottes Gebot außer Kraft und haltet euch an eure eigene Überlieferung.

*Bei der Diskussion um Beten und Fasten*
Mt 6,5

Wenn ihr betet, macht es nicht wie die Heuchler. Sie stellen sich beim Gebet gern in die Synagogen und an die Straßenecken, damit sie von den Leuten gesehen werden. Amen, das sage ich euch: Sie haben ihren Lohn bereits erhalten.

Mt 6,16

Wenn ihr fastet, macht kein finsteres Gesicht wie die Heuchler. Sie geben sich ein trübseliges Aussehen, damit die Leute merken, daß sie fasten. Amen, das sage ich euch: Sie haben ihren Lohn bereits erhalten.

4. Das Verhältnis zwischen Jesus und den Menschen, vor allem denen, die eine Verantwortung tragen, entwickelt sich dahin, daß die Hohenpriester ein Zeugnis wider Jesus suchen und dazu ein Falschzeugnis aufbieten. Aber nicht einmal als Falschzeugen sind die Menschen sich einig, so daß Jesus daraufhin nicht verurteilt werden kann. Erst Jesu eigenes *wahres Zeugnis* ermöglicht das Todesurteil gegen ihn, das in Wirklichkeit *ein Lebensurteil für die Menschen* ist.

Mk 14,55–64

55 Die Hohenpriester und der ganze Rat bemühten sich um Zeugenaussagen gegen Jesus, um
ihn zum Tod verurteilen zu können; sie fanden
aber nichts. 56 Viele machten zwar falsche Aus-
sagen über ihn, aber die Aussagen stimmten
nicht überein. 57 Einige der falschen Zeugen, die
gegen ihn auftraten, behaupteten: 58 Wir haben
ihn sagen hören: Ich werde diesen von Menschen erbauten Tempel niederreißen und in drei
Tagen einen anderen errichten, der nicht von
Menschenhand gemacht ist. 59 Aber auch in die-
sem Fall stimmten die Aussagen nicht überein.
60 Da stand der Hohepriester auf, trat in die
Mitte und fragte Jesus: Willst du denn nichts sagen zu dem, was diese Leute gegen dich vorbrin-
gen? 61 Er aber schwieg und gab keine Antwort.
Da wandte sich der Hohepriester nochmals an
ihn und fragte: Bist du der Messias, der Sohn
des Hochgelobten? 62 Jesus sagte: Ich bin es.
Und ihr werdet den Menschensohn zur Rechten
der Macht sitzen und mit den Wolken des Himmels kommen sehen. 63 Da zerriß der Hoheprie-
ster sein Gewand und rief: Wozu brauchen wir
noch Zeugen? 64 Ihr habt die Gotteslästerung
gehört. Was ist eure Meinung? Und sie fällten
einstimmig das Urteil: Er ist schuldig und muß
sterben.

5. Die frohe Botschaft Jesu von der Rechtfertigung des Sünders hat nicht die erwartete Zustimmung gefunden. Selbst Israel war offenbar nicht fähig, auf seine eigene Gerechtigkeit zu verzichten und von Gott her wahres Leben zu erwarten. In der Theorie klingt das zwar verlockend, in der Praxis des alltäglichen Lebens hieße das aber, auf die Unterschiede zwischen den Menschen zu verzichten: zwischen Sündern und Gerechten, zwischen Zöllnern und Pharisäern, zwischen Frauen und Männern, zwischen Kindern und Erwachsenen, zwischen Armen und Reichen, zwischen Gesunden und Kranken. Wer meint, dabei etwas zu verlieren, wehrt sich gegen diese Auslegung des Neunten Wortes vom Sinai. Die Frommen spüren, daß mit einer solchen Botschaft sogar der Unterschied zwischen Juden und Heiden hinfällig wird. *Paulus* zieht ausdrücklich diese Konsequenz der Botschaft Jesu im Römerbrief.

Röm 4,9–12

[9] Gilt nun diese Seligpreisung nur den Beschnittenen oder auch den Unbeschnittenen? Wir haben gesagt: Abraham wurde der Glaube als Gerechtigkeit angerechnet. [10] Wann wurde er ihm angerechnet: als er beschnitten oder als er unbeschnitten war? Nicht als er beschnitten, sondern als er noch unbeschnitten war. [11] Das Zeichen der Beschneidung empfing er zur Besiegelung der Glaubensgerechtigkeit, die ihm als Unbeschnittenem zuteil wurde; also ist er der Vater aller, die als Unbeschnittene glauben und denen daher die Gerechtigkeit angerechnet wird, [12] und er ist der Vater jener Beschnittenen, die nicht nur beschnitten sind, sondern auch den Weg des Glaubens gehen, des Glaubens, den unser Vater Abraham schon vor seiner Beschneidung hatte.

## Vorschlag für die Gruppenarbeit

*Die Macht der Sprache*

Einfache Sätze können aufbauen oder zerstören. Die Teilnehmer der Katechese kennen sich jetzt schon so lange, daß sie folgende Übung versuchen können.
Jeder sagt nach einer kurzen Überlegungspause seinem rechten Nachbarn einen Satz mit der Einleitung: „Mir gefällt an Ihnen gut, daß ...“. Der Partner, zu dem man einen solchen Satz sagt, kann auch durch das Los ermittelt werden. Wichtig ist natürlich, daß jeder einen Satz formulieren muß und daß jeder angesprochen wird.
Wenn die ganze Gruppe einverstanden ist, kann man in einem zweiten Durchgang auch Sätze versuchen mit dem Anfang: „Mir gefällt an Ihnen weniger, daß ...“.
Eine weitere Variation stellt das „Spiel mit Bonbons“ dar. Es ist ein Beziehungsspiel. Es zwingt den einzelnen, sich in den anderen hineinzudenken. Gegenüber den ersten beiden Vorschlägen ermöglicht es direkte Reaktionen und wird deshalb oft lebendiger: Jeder hat drei Bonbons vor sich liegen. Jeder kann beginnen oder sich frei in das Spiel einschalten, indem er ein Bonbon nimmt, es einem anderen überreicht und dazu einen Satz formuliert, der jeweils mit der gleichen Einleitung beginnt und mit einer Begründung entweder mit „weil“ oder mit „damit“ endet. Ein Beispiel: „Marlene, ich schenke dir ein Bonbon, weil du immer so freundlich zu mir bist.“ Oder: „Marlene, ich schenke dir ein Bonbon, damit du öfter etwas von dir erzählst.“ Die Bonbons können im weiteren Verlauf des Spiels noch mehrmals den Besitzer wechseln.

*Erzählen*

Jeder teilt eine kurze Geschichte mit zu dem Thema: „Mir hat jemand die Wahrheit gesagt“. Dieser Satz kann durch die Geschichte einen positiven oder einen negativen Klang bekommen: „das hat mir gut getan“ oder „das hat mir nicht geholfen“.

## Vorschlag für die Woche

Jeder kennt die Situation, daß er ein Gespräch führen sollte, es aber bisher immer noch nicht gewagt hat. In dieser Woche sollte sich jeder Teilnehmer ein solches Gespräch bewußt vornehmen: zum Beispiel ein notwendiges, aber bisher aufgeschobenes Gespräch; ein aufbauendes Gespräch; ein Gespräch, in dem man etwas von sich mitteilt. In der nächsten Katechese kann jeder kurz davon erzählen.

# Das Zehnte Wort

vom Sinai

**Du wirst nichts unternehmen,**
**um dir das Haus**
**deines Nächsten anzueignen.**
**Du wirst nichts unternehmen,**
**um dir die Frau**
**deines Nächsten anzueignen,**
**seinen Knecht, seine Magd,**
**seinen Ochsen und seinen Esel**
**und alles,**
**was deinem Nächsten gehört.** Exodus 20, 17

Bei diesem Zehnten Wort vom Sinai ergeben sich wieder Zählunterschiede. In der lutherischen und in der katholischen Tradition zählt das Falschzeugnis als achtes Gebot. Luther rechnet deshalb den ersten Teil des Zehnten Worts vom Haus getrennt für sich als neuntes Gebot; das zehnte Gebot beginnt dann bei der Frau, schließt aber mit dem Sachbesitz und ist deshalb kaum vom neunten zu unterscheiden. Sie werden von Luther im Großen Katechismus folgerichtig zwar getrennt gezählt, aber in einem Abschnitt behandelt.

Die katholische Überlieferung schließt sich an die Fassung des Deuteronomiums an, nach der die Aufzählung der Frau als Teil des Hauses offenbar als anstößig empfunden wurde. Dort wird die Frau zuerst genannt – für die Katholiken das neunte Gebot; dann folgt das Haus, der Acker, Knechte und Mägde, Tiere und alles Sacheigentum – als zehntes Gebot gezählt.

In der jüdischen Zählung, der sich in diesem Teil die reformierten Bekenntnisse anschließen, geht es um das Zehnte Wort. „Haus" meint dabei nicht das Gebäude, sondern die ganze Hausgemeinschaft. Sie wird nach dem Mann benannt; er muß deshalb nicht eigens erwähnt werden. In der folgenden Liste werden alle für das Leben wesentlichen Elemente dieser Hausgemeinschaft aufgezählt.

Zwei Mißverständnisse sind zu vermeiden:

1. Es geht nicht nur um den materiellen Besitz. Gemeint ist die gesamte Lebensgrundlage, der gesamte *Lebensraum*. Zwar wird bei der Formulierung vom Mann her gedacht. Aber insofern mit dem Haus sein Lebensraum gemeint ist, der von seiner Existenz nicht ablösbar ist, kann er genauso wie die Frau entfremdet und enteignet werden.

2. Es geht nicht nur um das innere Begehren. Die christliche Tradition will mit dieser Beschränkung auf das Begehren eine Unterscheidung zum Ehebruch- und Diebstahlverbot erreichen. In Wirklichkeit geht es um ein *aktives Unternehmen*, mit dem die Hausgemeinschaft als Lebensgrundlage des Nächsten zerstört und von einem anderen in Besitz genommen wird.

Wie immer bisher muß auch das Zehnte Wort vom Sinai zunächst als *Selbstmitteilung Gottes* begriffen werden. Gott erklärt sich darin selbst als Eigentümer des Landes. Der Mensch hat es nur als Leihgabe in Besitz. „Das Land ist mein, und ihr seid Fremdlinge und Beisassen bei mir" (Lev 25,23). Dieser Eigentumsvorbehalt ist als Geschenk gemeint: nicht nur, weil daraus folgt, daß das ganze Haus, das eigene und das des Nächsten, unantastbar ist, sondern weil Gott sich bis zu den sozialen und materiellen Bedingungen um den Menschen sorgt. Im Hören auf das Zehnte Wort vom Sinai lernen wir, *daß Gott ein diesseitiger Gott ist*, der sich in die Geschäfte des Menschen verwickeln läßt. Er stiehlt sich nicht aus den Notwendigkeiten des Alltags davon, sondern er ist bewußt *politisch*.

## Gebetsschule: Wir hören auf den Anspruch der Gerechtigkeit

1. Gott selbst ist der Eigentümer des Landes. Und er bleibt es auch, nachdem er Israel aus Ägypten geführt und ihm dieses Land gegeben hat. Israel weiß, daß es ein Fremdling im Land ist. Das Zehnte Wort vom Sinai mahnt den *Eigentumsvorbehalt Gottes* an. Es unterstreicht die Interpretation des Ersten Wortes vom Sinai, nach der die Befreiungstat Gottes aus Ägypten nicht nur ein einmaliges Geschehen in der Vergangenheit war, sondern bleibende Wirklichkeit der Gegenwart ist. Der eigene Lebensraum verdankt sich der geschenkten Befreiung aus dem Sklavenhaus. Er bleibt Geschenk und deshalb Aufgabe.

2. Wer sich am Lebensraum seines Nächsten vergreift, bekämpft den Gott der Befreiung. Er stellt sich auf die Seite der Unterdrücker und Sklavenhalter. Dabei muß *die Sklaverei nicht immer so offenkundig* sein, wie die Israels in Ägypten, in der es zur Zwangsarbeit verpflichtet wurde. Die Menschen haben gut funktionierende Mechanismen entwickelt, um ihre Schuld an dem Elend anderer vor sich zu verbergen. Die Ursachenkette ist oft so lang, daß der Zusammenhang zwischen der eigenen Existenzweise und der Unterdrückung anderer nicht mehr durchsichtig ist: Was geht mich die Rassenverfolgung in Südafrika an, was die Ausrottung der indianischen Bauern in Mittel- und Südamerika, was auch die Arbeitslosigkeit des Nachbarn oder die Wohnverhältnisse von Asylbewerbern im eigenen Land? Zusätzlich können freiwillige Spenden und Gaben dennoch aufkeimendes schlechtes Gewissen unterdrücken und den Anspruch auf Gerechtigkeit, den die Betroffenen haben, zudecken.

3. Niemand kann von sich mit Recht sagen, daß er den Lebensraum anderer nicht beschneidet und einengt. Soziale Gerechtigkeit ist deshalb kein statischer Begriff. Wer nichts unternimmt, um sich das Haus seines Nächsten anzueignen, schließt nur den aktiven Diebstahl aus. Man kann aber auch durch passives Abwarten und Nichtstun andere unterdrücken. Das Zehnte Wort vom Sinai verlangt deshalb mehr als dieses Nichtstun. Es fordert den aktiven *Einsatz für den Lebensraum der Mitmenschen.* Es gilt sensibel zu werden für den Anspruch der Gerechtigkeit durch andere Menschen. Weil dieser Anspruch in Gottes Befreiungstat gründet, verlangt das Hören auf diesen Gott und sein Tun Phantasie, Einsatz und Mut im Kampf gegen soziale Ungerechtigkeit.

## Erfahrungen im Leben Jesu

Zur Religion Jesu gehört als unverzichtbarer Bestandteil die *Gabe des Landes.* Wie ein roter Faden zieht sich durch die Tora die Landverheißung Gottes. Ein Land, das von Milch und Honig fließt, will Gott ihnen geben (Num 13,28). Diese Zusage darf nicht spiritualisiert werden, sondern sie gilt konkret von einem bestimmten Land und von wirklicher greifbarer Erde als Lebensraum für Israel.

Die Diesseitigkeit Gottes in der Landverheißung und Landgabe ist der Grund dafür, daß die Israeliten aus Ägypten aufgebrochen sind. Daraufhin erleben sie statt der versprochenen Fülle des Landes die Dürftigkeit der Wüste so sehr, daß sie sogar lieber in die Sklaverei nach Ägypten umkehren wollen (Ex 16f; Num 11).

Auch Mose wird unsicher, als das Wasser in der Wüste fehlt. Er kann an einen solchen diesseitigen, politischen Gott nicht mehr glauben (Num 20,10–12).

Für Jesus bleibt die Landgabe dennoch Zeichen der liebenden Nähe Gottes in dieser konkreten Welt. Sie ist für ihn nur gebrochen verwirklicht. Aber sie ist darin nicht Ausdruck der Ohnmacht Gottes, sondern Hinweis auf die Schuld der Menschen und zugleich auf die bleibende Gültigkeit der Zusage Gottes.

Im Zehnten Wort vom Sinai gilt diese Zusage vor allem *dem Land im kleinen. Gott ist der Garant und Schützer des Lebensraums jedes Nächsten.* Das Haus des Nächsten ist unantastbar. Die politische Abhängigkeit von den Römern und deren Fremdherrschaft dürfen nicht zum Alibi für Ausbeutung und Unterdrückung in Israel selbst werden. Ungerechte soziale Zustände lassen sich nicht einfach dem Herrenvolk anlasten; sie spiegeln Unglauben und Schuld in Israel selbst wider.

## Jesus als Kind

Als Kind hört Jesus zum ersten Mal in der Berufung des Abraham von der Bedeutung des Landes. Abraham weiß sich als Fremdling. Er bekommt das Land nicht als Bastion gegen andere Völker. Das Land bedeutet Geschenk und Verpflichtung zugleich. Abraham erhält das Land mit dem Auftrag, zum Segen für alle Völker zu werden.

> Gen 12,1–4
>
> 1 Der Herr sprach zu Abram: Zieh weg aus dei-
> nem Land, von deiner Verwandtschaft und aus
> deinem Vaterhaus in das Land, das ich dir zei-
> gen werde. 2 Ich werde dich zu einem großen
> Volk machen, dich segnen und deinen Namen
> groß machen. Ein Segen sollst du sein. 3 Ich will
> segnen, die dich segnen; wer dich verwünscht,
> den will ich verfluchen. *Durch dich sollen alle*
> *Geschlechter der Erde Segen erlangen.* 4 Da zog
> Abram weg, wie der Herr ihm gesagt hatte, und
> mit ihm ging auch Lot.

Die Liturgie bringt bei jeder Darbringung der Erstlingsgaben vom Land zum Ausdruck, daß Israel nicht Eigentümer ist. Gott ist der Herr des Landes.

> Dtn 26,1 f.5–10
>
> 1 Wenn du in das Land, das der Herr, dein Gott,
> dir als Erbbesitz gibt, hineinziehst, es in Besitz
> nimmst und darin wohnst, 2 dann sollst du von
> den ersten Erträgen aller Feldfrüchte, die du in
> dem Land, das der Herr, dein Gott, dir gibt, ein-
> gebracht hast, nehmen und in einen Korb legen.
> 5 Du aber sollst vor dem Herrn, deinem Gott,
> folgendes Bekenntnis ablegen: Mein Vater war
> ein heimatloser Aramäer. Er zog nach Ägypten,
> lebte dort als Fremder mit wenigen Leuten und
> wurde dort zu einem großen, mächtigen und
> zahlreichen Volk. 6 Die Ägypter behandelten
> uns schlecht, machten uns rechtlos und legten
> uns harte Fronarbeit auf. 7 Wir schrien zum
> Herrn, dem Gott unserer Väter, und der Herr
> hörte unser Schreien und sah unsere Rechtlosig-
> keit, unsere Arbeitslast und unsere Bedrängnis.
> 8 Der Herr führte uns mit starker Hand und
> hoch erhobenem Arm, unter großem Schrecken,
> unter Zeichen und Wundern aus Ägypten, 9 er
> brachte uns an diese Stätte und gab uns dieses
> Land, ein Land, in dem Milch und Honig flie-
> ßen. 10 Und siehe, nun bringe ich hier die ersten
> Erträge von den Früchten des Landes, das du
> mir gegeben hast, Herr.

In der Situation der römischen Fremdherrschaft kann Jesus gar nicht anders als die Worte der Tora über das Land wörtlich verstehen. Beschneidung des Herzens und Umkehr und Gottesliebe von ganzem Herzen sind der Weg zum Land.

Dtn 30, 1–6

1 Und wenn alle diese Worte über dich gekom-
men sind, der Segen und der Fluch, die ich dir
vorgelegt habe, wenn du sie dir zu Herzen
nimmst mitten unter den Völkern, unter die der
Herr, dein Gott, dich versprengt hat, 2 und wenn
du zum Herrn, deinem Gott, zurückkehrst und
auf seine Stimme hörst in allem, wozu ich dich
heute verpflichte, du und deine Kinder, mit gan-
zem Herzen und mit ganzer Seele, 3 dann wird
der Herr, dein Gott, dein Schicksal wenden, er
wird sich deiner erbarmen, sich dir zukehren
und dich *aus allen Völkern zusammenführen*, un-
ter die der Herr, dein Gott, dich verstreut hat.
4 Und wenn einige von dir bis ans Ende des
Himmels versprengt sind, wird dich der Herr,
dein Gott, von dort zusammenführen, von dort
wird er dich holen. 5 Und der Herr, dein Gott,
wird dich *in das Land,* das deine Väter in Besitz
genommen haben, *zurückbringen*. Du wirst es
wieder in Besitz nehmen, und er wird dich
glücklicher und zahlreicher machen als deine
Väter. 6 Der Herr, dein Gott, wird dein Herz und
das Herz deiner Nachkommen beschneiden.
Dann wirst du den Herrn, deinen Gott, mit gan-
zem Herzen und mit ganzer Seele lieben kön-
nen, damit du Leben hast.

## Jesus als Heranwachsender

Mag für ein Kind Not und Elend, die im Volk allgegenwärtig sind, noch als Folge der Fremdherrschaft erscheinen, mit zunehmendem Alter schärft sich der Blick dafür, daß in Israel selbst auch Ausbeutung und Unterdrückung herrschen. Das Haus und der Lebensraum des Nächsten sind keineswegs nur von außen gefährdet. Umkehr und Beschneidung des Herzens bedeuten für Jesus deshalb, die Schuld zunächst bei sich und im eigenen Volk zu suchen.
Ist vielleicht die Fremdherrschaft nicht Ursache, sondern Folge der Tatsache, daß Israel nicht mehr auf das Zehnte Wort vom Sinai hört?

Jer 5, 17.19

17 (Ein fremdes Volk) frißt deine Ernte und dein
Brot, es frißt deine Söhne und Töchter, es frißt
deine Schafe und Rinder, es frißt deinen Wein-
stock und Feigenbaum, es zerschlägt mit dem
Schwert deine befestigten Städte, auf die du ver-
traust.
19 Wenn man dann fragt: Weshalb hat der Herr,
unser Gott, uns das alles angetan?, so sagt zu ih-
nen: Wie ihr mich verlassen und fremden Göt-
tern in eurem Land gedient habt, so müßt ihr
Fremden dienen in einem Land, das euch nicht
gehört.

*Das Zehnte Wort und das Exil*

Rabbi Huna lehrte:
Wir finden, daß die Israeliten erst dann aus ihrem Land ins Exil geführt wurden, als sie das zehnte Gebot übertraten. Denn es heißt in Micha 2,2: „Sie begehren Felder und rauben sie, Häuser und nehmen sie fort." Gleich danach, Micha 2,3, heißt es: „Darum spricht der Herr also: ‚Siehe, ich sinne über dieses Geschlecht Unheil.'"

*Zit. nach J. J. Petuchowski, Die Stimme vom Sinai, Freiburg 1981, 123f.*

Jesus nimmt zunehmend wahr, daß die Anklagen der Propheten noch nichts von ihrer Berechtigung verloren haben. Sein eigenes Volk benimmt sich wie ein selbstherrlicher Eigentümer, der nicht auf Gottes Zusage und Anspruch hören will.

Micha 2,1 f

1 Weh denen, die auf ihrem Lager Unheil planen und Böses ersinnen. Wenn es Tag wird, führen sie es aus; denn sie haben die Macht dazu.
2 Sie wollen Felder haben und reißen sie an sich, sie wollen Häuser haben und bringen sie in ihren Besitz.
Sie wenden Gewalt an gegen den Mann und sein Haus, gegen den Besitzer und sein Eigentum.

Obwohl Jesus im Land wohnen darf, bleibt die Klage von Psalm 137 gültig. Das Haus des Nächsten ist dem begehrlichen Zugriff anderer so ausgesetzt, daß er sich in Israel wie in fremder Erde wohnend vorkommt. Das babylonische Exil ist zwar äußerlich vorbei, es behält aber wegen der sozialen Mißstände als Symbol traurige Aktualität.

Ps 137,1–6

1 An den Strömen von Babel, da saßen wir und weinten, wenn wir an Zion dachten.
2 Wir hängten unsere Harfen an die Weiden in jenem Land.
3 Dort verlangten von uns die Zwingherren Lieder, unsere Peiniger forderten Jubel: „Singt uns die Lieder vom Zion!"
4 Wie könnten wir singen die Lieder des Herrn, fern, auf fremder Erde?
5 Wenn ich dich je vergesse, Jerusalem, dann soll mir die rechte Hand verdorren.
6 Die Zunge soll mir am Gaumen kleben, wenn ich an dich nicht mehr denke, wenn ich Jerusalem nicht mehr zu meiner höchsten Freude erhebe.

## Jesu öffentliches Auftreten

Auch das Zehnte Wort vom Sinai, in dem die soziale Gerechtigkeit angesprochen wird, wird in Jesu Person Wirklichkeit.

1. Jesus verzichtet freiwillig auf eine eigene Hausgemeinschaft. Er verkündet nicht nur die Unabhängigkeit von jedem Besitz, er lebt sie auch. „Der Menschensohn aber hat keinen Ort, wo er sein Haupt hinlegen kann“ (Mt 8,20). Damit ist er in Person Zeichen dafür, daß Gott Eigentümer des Hauses und des Landes ist und bleibt.

*Aus der Feldrede*
Lk 12,24.27–34

24 Seht auf die Raben: Sie säen nicht und ernten
nicht, sie haben keinen Speicher und keine
Scheune; denn Gott ernährt sie. Wieviel mehr
seid ihr wert als die Vögel!
27 Seht euch die Lilien an: Sie arbeiten nicht und
spinnen nicht. Doch ich sage euch: Selbst Sa-
lomo war in all seiner Pracht nicht gekleidet wie
eine von ihnen.
28 Wenn aber Gott schon das Gras so prächtig
kleidet, das heute auf dem Feld steht und mor-
gen ins Feuer geworfen wird, wieviel mehr dann
euch, ihr Kleingläubigen! 29 Darum fragt nicht,
was ihr essen und was ihr trinken sollt, und äng-
stigt euch nicht!
30 Denn um all das geht es den Heiden in der
Welt. Euer Vater weiß, daß ihr das braucht.
31 Euch jedoch muß es um sein Reich gehen;
dann wird euch das andere dazugegeben.
32 Fürchte dich nicht, du kleine Herde! Denn
euer Vater hat beschlossen, euch das Reich zu
geben. 33 Verkauft eure Habe, und gebt den Er-
lös den Armen! Macht euch Geldbeutel, die
nicht zerreißen. Schafft euch einen Schatz, der
nicht abnimmt, droben im Himmel, wo kein
Dieb ihn findet und keine Motte ihn frißt.
34 Denn wo euer Schatz ist, da ist auch euer
Herz.

2. Der eigentliche Kampf findet im Herzen statt. Nach Jesus bricht die Herrschaft Gottes dadurch an, daß der Buchstabe der Tora vollkommen, das heißt, vom Herzen her erfüllt wird. Er übernimmt deshalb die allen großen Propheten gemeinsame Folgerung: Unrein wird der Mensch durch das, was aus seinem Herzen kommt.

Mk 7,17–23

[17] Er verließ die Menge und ging in ein Haus. Da fragten ihn seine Jünger nach dem Sinn dieses rätselhaften Wortes.
[18] Er antwortete ihnen: Begreift auch ihr nicht? Seht ihr nicht, daß das, was von außen in den Menschen hineinkommt, ihn nicht unrein machen kann? [19] Denn es gelangt ja nicht in sein Herz, sondern in den Magen und wird wieder ausgeschieden. Damit erklärte Jesus alle Speisen für rein. [20] Weiter sagte er: Was aus dem Menschen herauskommt, das macht ihn unrein.
[21] Denn von innen, aus dem Herzen der Menschen, kommen die bösen Gedanken, Unzucht, Diebstahl, Mord, [22] Ehebruch, Habgier, Bosheit, Hinterlist, Ausschweifung, Neid, Verleumdung, Hochmut und Unvernunft. [23] All dieses Böse kommt von innen und macht den Menschen unrein.

Auch Paulus hat sich dieser Interpretation Jesu angeschlossen.

Röm 2,28f

[28] Jude ist nicht, wer es nach außen hin ist, und Beschneidung ist nicht, was sichtbar am Fleisch geschieht, [29] sondern Jude ist, wer es im Verborgenen ist, und Beschneidung ist, was am Herzen durch den Geist, nicht durch den Buchstaben geschieht. Der Ruhm eines solchen Juden kommt nicht von Menschen, sondern von Gott.

3. Jesus erwartet die Erfüllung des Zehnten Wortes vom Sinai von Gott. Im folgenden Gleichnis ist Jesus der Sohn und Erbe. Obwohl er die Habsucht und Raffgier der Menschen kennt, ist er bereit, in den Weinberg zu gehen und sein Erbe anzutreten. Er steht mit seinem Leben ein für den Anspruch Gottes auf Gerechtigkeit. Deshalb geht er, wie viele Propheten vor ihm, nach Jerusalem und in den Tod.

*Das Gleichnis von den bösen Winzern*
Mk 12,1–12

1 Jesus begann zu ihnen (wieder) in Form von
Gleichnissen zu reden. (Er sagte:) Ein Mann
legte einen Weinberg an, zog ringsherum einen
Zaun, hob eine Kelter aus und baute einen
Turm. Dann verpachtete er den Weinberg an
Winzer und reiste in ein anderes Land.
2 Als nun die Zeit dafür gekommen war,
schickte er einen Knecht zu den Winzern, um
bei ihnen seinen Anteil an den Früchten des
Weinbergs holen zu lassen. 3 Sie aber packten
und prügelten ihn und jagten ihn mit leeren
Händen fort. 4 Darauf schickte er einen anderen
Knecht zu ihnen; auch ihn mißhandelten und
beschimpften sie. 5 Als er einen dritten schickte,
brachten sie ihn um. Ähnlich ging es vielen anderen;
die einen wurden geprügelt, die anderen
umgebracht.
6 Schließlich blieb ihm nur noch einer: sein geliebter
Sohn. Ihn sandte er als letzten zu ihnen,
denn er dachte: Vor meinem Sohn werden sie
Achtung haben. 7 Die Winzer aber sagten zueinander:
Das ist der Erbe. Auf, wir wollen ihn töten,
dann gehört sein Erbgut uns. 8 Und sie
packten ihn und brachten ihn um und warfen
ihn aus dem Weinberg hinaus.
9 Was wird nun der Besitzer des Weinbergs tun?
Er wird kommen und die Winzer töten und den
Weinberg anderen geben. 10 Habt ihr nicht das
Schriftwort gelesen: Der Stein, den die Bauleute
verworfen haben, er ist zum Eckstein geworden:
11 das hat der Herr vollbracht, vor unseren
Augen geschah dieses Wunder?
12 Daraufhin hätten sie Jesus gern verhaften lassen;
aber sie fürchteten die Menge. Denn sie
hatten gemerkt, daß er mit diesem Gleichnis sie
meinte. Da ließen sie ihn stehen und gingen
weg.

## Vorschlag für die Gruppenarbeit

*Selig sind die Armen*

Immer wieder kommt in den Evangelien das Thema „Armut“ vor. Die einzelnen Teilnehmer assoziieren zunächst frei, welche Geschichten aus der Bibel ihnen zu diesem Thema einfallen. Sie sollen dann eine Begründung dafür suchen, warum ihnen gerade diese Geschichte eingefallen ist.
In einem weiteren Durchgang können die einzelnen Gruppen je ein Evangelium durchblättern und alle Geschichten daraus zusammentragen, die mit dem Thema „Armut“ zu tun haben.

*Verzichten*

Bewußt geleisteter freiwilliger Verzicht kann ein Zeichen der Anerkennung für Gottes Eigentümerrechte und für Gottes Herrschaft sein.
Die Teilnehmer überlegen und sammeln auf einem Plakat, welche Möglichkeiten zum Verzicht für sie in Frage kommen. Je mehr Lebensbereiche in den Blick kommen, desto vielfältiger sind auch die Möglichkeiten des Verzichtens. Das Thema läßt sich auch in einer Collage darstellen.

## Vorschlag für die Woche

Jeder wählt für sich aus den Vorschlägen des Verzichtens eine Möglichkeit, die er in dieser Woche praktizieren will.

Zusätzlich kann sich die Gruppe auf ein „Solidaritätsfrühstück“ einigen. Einzeln oder auch gemeinsam frühstücken alle einmal in dieser Woche nur trockenes Brot und Wasser aus Solidarität zu den Armen, die an keinem Tag der Woche mehr zum Leben haben. Bei einem „Solidaritätsfrühstück“ in Gemeinschaft kann man das Morgengebet gemeinsam sprechen und während des Essens einen Text aus der Zeitung oder aus Zeitschriften hören, der an die Not der Menschen in anderen Teilen der Welt erinnert.

## Worterklärung

*Im folgenden werden die hebräischen oder die aus dem Hebräischen stammenden Wörter erklärt, die in der Katechese vorkommen.*

*Haggadá:* „Erzählung", bezeichnet den Erzählstoff des Talmuds (in Absetzung vom religionsgesetzlichen Stoff); *die* Haggada ist die Erzählung vom Auszug aus Ägypten beim Passafest.

*Hakkafá:* „Umkreisung", Bezeichnung der sieben feierlichen Umzüge am siebten Tag des Laubhüttenfestes und am neunten Tag, am Fest der Torafreude.

*Ha Schem:* „der Name", gebraucht als Bezeichnung für Gott beim Zitieren von Schriftstellen, vor allem beim Lernen und beim Studium.

*Havdalá:* „Scheidung, Unterscheidung", Feier des Sabbatendes mit Weinsegen, einem besonderen Licht und besonderen Gewürzen; in ihr wird Gott gepriesen als der, der zwischen dem siebten Tag und den sechs Werktagen unterscheidet.

*Jom Kippúr:* „Versöhnungstag", der heiligste Tag im jüdischen Festkalender, gefeiert am 10. Tischri (erster Monat des jüdischen Jahres). Er ist der letzte der 10 Bußtage, in dem über 24 Stunden hindurch streng gefastet wird und an dem das göttliche Urteil, die Vergebung, in der Liturgie vergegenwärtigt wird.

*Kabōd:* „Herrlichkeit", in der Verbindung „kabod Jahwe" bezeichnet sie den bei der Erscheinung Gottes aufstrahlenden und alles durchdringenden Lichtglanz.

*Kaddísch:* „Heiliger", Name eines alten aramäischen Gebetes, in dem die Heiligkeit Gottes und die Hoffnung auf Erlösung ausgesprochen ist. Es ist Teil des täglichen Gottesdienstes und hat den Charakter eines Refrains. Zugleich ist es das Gebet für die Verstorbenen, das von den Trauernden das ganze Trauerjahr hindurch und am Jahrestag gesprochen wird.

*Korban:* „Opfergabe", ein Gelöbnis, durch das ein Gegenstand in den Dienst Gottes, des Tempels oder des Gottesdienstes gestellt und so der Nutznießung durch Menschen entzogen wurde.

*Mesúsa:* „Türpfosten", kleines Gefäß aus Metall, Glas oder Holz im Türrahmen befestigt; es enthält eine Pergamentrolle mit den beiden ersten Abschnitten des „Höre Israel"; Zeichen der Gegenwart Gottes im jüdischen Haus.

*Midrasch:* „Forschung", Exegese des biblischen Textes nach bestimmten Regeln, wie sie vor allem die Rabbinen (2. Jh. vor Chr. bis 6. Jh. nach Chr.) betrieben.

*Passa:* „Übergang", heißt auch Fest der ungesäuerten Brote. Das Passafest hat als zentrales Thema die Erinnerung und das Gedächtnis an den Auszug aus Ägypten, die Errettung Israels aus der Sklaverei. Nur an diesem Fest wird die Haggada (Erzählung) in der häuslichen Liturgie verlesen. Termin ist der erste Frühlingsvollmond, der 14. Nisan, nach dem das jüdische Jahr jedes Jahr neu berechnet wird. Das Fest dauert 7 Tage.

*Purím:* „Lose", Freudenfest zur Erinnerung an die Errettung vor dem bösen persischen Verwalter Haman durch Ester und Mordechai. Geschenke, Masken und Ausgelassenheit – unserem Fasching entsprechend – bestimmen die Atmosphäre des Festes.

*Rabbi:* „Mein Herr", heute ein akademischer Grad, zur Zeit Jesu eine Ehrenbezeichnung für jeden religiösen Gelehrten.

*Sabbat:* „Ruhe“, 7. Tag der Woche, Tag der Ruhe und der Heiligung zur Erinnerung an die göttliche Schöpfung und Israels Befreiung. Die Liturgie findet zum Teil zu Hause, zum Teil in der Synagoge statt. Jeder Tag in Israel beginnt am Vorabend, so daß unser Samstag Abend schon zum ersten Tag der Woche gehört.

*Schawuót:* „Fest der Wochen“, wird sieben Wochen nach Passa gefeiert; ursprünglich das Fest der Weizenernte; in der Beziehung zur Geschichte Israels wird es zum Fest der Offenbarung am Sinai und damit zum Festtag der Tora überhaupt. Als Vorschrift gilt, daß alle männlichen Mitglieder des Volkes Israel „vor Gott erscheinen sollen“.

*Sch$^{e}$má:* „Höre“, Bekenntnis der Einzigkeit Gottes, benannt nach dem Anfangswort (Dtn 6,4); es besteht aus drei Abschnitten und wird täglich am Abend und am Morgen gebetet. Es spielt eine besondere Rolle in der Todesstunde und im Martyrium.

*Sch$^{e}$mone Ésre:* „Achtzehn“, das eigentliche Bittgebet, das dreimal am Tag zu beten ist.

*Seder:* „Ordnung“, bezeichnet die ausgedehnte liturgische Feier am Passaabend, die in der Familie stattfindet. Davon abgeleitet bezeichnet Siddur das Gebetbuch für die wöchentliche Liturgie.

*Sohár:* „Glanz“, Name für das Grundbuch des jüdischen Mystizismus (Kabbala) im Mittelalter; enthält Erklärungen zu den Versen der Tora, ausgehend von einer mystischen Sicht der Welt.

*Tallít:* „Hülle“, großes, viereckiges Tuch, das zum Sprechen der (Morgen-)Gebete umgeworfen wird und das beim Gebet auch zum Verhüllen des Gesichtes dient; erinnert an das Geborgensein im Schatten von Gottes Flügel.

*Talmud:* „Studium“, „Bekehrung“, „Lehre“, Name des mehrbändigen Werkes, in dem die vielfältige mündliche Tradition gesammelt ist, die schriftlich niedergelegt wurde zwischen 200 und 600 nach Chr. Nach dem Entstehungsort unterscheidet man einen babylonischen und jerusalemischen Talmud. Dieses Werk enthält Halacha (Rechtsstoff) und Haggada (Erzählung).

*Tefillá:* „Gebet“, besondere Bezeichnung für das Achtzehngebet, aber auch jedes anderen Gebetes. Davon abgeleitet die *Teffilin* (Gebetsriemen), die am Morgengebet und bei besonderen Anlässen angelegt werden. Mit ihrer Hilfe werden die Gebetskapseln an der Stirn und am Oberarm beim Herzen befestigt.

*Tora:* „Lehre“, Name für die fünf Bücher Mose, die heute in einem einjährigen Zyklus, zur Zeit Jesu in Palästina wahrscheinlich in einem dreijährigen Zyklus gelesen wurden. Zugleich ist damit aber auch die Gesamtheit der alttestamentlichen Schriften und auch ihre Auslegung im Talmud bezeichnet. Im Herbst wird nach Beendigung des Laubhüttenfestes ein eigenes Fest der Torafreude (Simchat-Tora) gefeiert.

## Inhalt